大家齐心协力打败精灵王,回到了七星镇。
在笨笨老师的课堂上,三只精灵的秘密被同学
们发现了, 顿时, 教室里闹得鸡飞狗跳⋯⋯

著 者

　　毛小懋，儿童文学作家，儿童期刊执行主编。已出版《嘻哈别字岛》《时光男孩米小扬》《标点符号总动员》《最三国作文》等作品数十部，曾获桂冠童书奖。

绘 者

　　三羊，本名彭洋，英国爱丁堡艺术学院动画硕士。出版儿童绘本《兵马俑的秘密》《我走进了名画里》，版权输出到英国、新加坡、菲律宾；为《自控力童话》《辫子姐姐成长123》《小诗词》等系列童书创作插图；出版绘本日记《宝贝，当你在妈妈肚子里》。

Composition Fairies

作文精灵

高手训练营〈上〉

- 著 毛小懋
- 绘 三 羊

云南出版集团 YNK 云南科技出版社

·昆明·

主要出场角色

左小文

七星镇小学有名的调皮鬼，聪明机灵，但学习成绩一般，态度也不够积极。在写作方面，更是让老师头疼。后来，在青芽精灵的帮助下，他逐渐开窍，最终爱上写作文。

戴星儿

左小文的同桌，时而文静内敛，时而活泼开朗。她的写作水平在班里属于中等，作文中常有奇思妙想。认识紫月精灵后，她的写作水平飞快提升。

冯歌德

左小文的死党，知识渊博，是班里写作水平较高的几名同学之一。他的宠物黑豆精灵，不但没给他帮上什么忙，反而惹了不少麻烦。

青芽精灵

左小文的宠物，骑鲸而来，古灵精怪，有时胆大包天，有时胆小如鼠。因为偷窥过精灵岛上的秘籍，它掌握了大量作文技法。它的缺点是好为人师，而且讲话唠叨。

紫月精灵

戴星儿的宠物，从天而降，冰雪聪明，关键时刻总能奋不顾身。它和青芽精灵带着无数写作绝招，逃出精灵岛，来到七星镇。它讲起作文技巧，同样唠唠叨叨。

黑豆精灵

青芽精灵的伙伴，忠诚而憨厚，但经常惹是生非。它一直守候在精灵岛上，并在青芽和紫月陷入绝境时挺身而出。

精灵王

精灵岛的统治者，冷酷暴虐，令人望而生畏。因为青芽和紫月公然叛逃，它率领四大护法出海追捕。

精灵隐士

精灵王的同门师兄，被精灵王夺走王位后，隐居在无影城中。它一直关注着精灵岛上的一举一动，只要听到精灵们的召唤，它就会在月光中现身相救。

笨笨老师

七星镇小学的语文老师，精通作文技巧，讲课风趣，深受学生们的喜爱。他自称"笨笨老师"，其实大智若愚。据说，他与精灵王有千丝万缕的联系……

目录

第三十一章

终极对决

怎样列提纲

五大护法听精灵王讲完构思的技巧，都十分兴奋。蓝冰精灵问："尊敬的大王，提纲要怎样列呢？您能不能教教我们？"

　　"当然可以。"精灵王继续讲道，"我一直认为，列提纲的好处是非常多的。因为在正式动笔前，我们也不知道自己的构思是否尽善尽美，如果把构思列成提纲，就很容易看出其中存在的问题，可以尽早调整。通常来说，提纲分为两种，一种是简明的，另一种是详细的。顾名思义，简明提纲就是只列大纲；详细提纲就是把中心思想、选择的素材、写作手法乃至可能用到的精彩词句都列上去，整篇作文也就一目了然……"

　　左小文打着哈欠说："你可真啰唆呀，直接给大家示范一下不就行了？"

　　精灵王哼哼鼻子，随手一挥教杆，那块悬浮的黑板上立刻冒出几行新的文字：

总写我们的身边充满爱，点明中心。（略写）

分写家中的爱，举出爸爸妈妈关怀我们的例子。（详写）

分写校园里的爱，举出老师爱护我们的例子。（详写）

分写左邻右舍的爱，举出大家互相照顾的例子。（详写）

总结全文，强调要用心去感受身边的爱。（略写）

"哇！太精彩了！"五大护法和那些身穿铠甲的士兵纷纷鼓起掌来。"不用说，大王根据提纲写出来的文章肯定是惊世之作！"橙墨精灵趁机拍马屁。

精灵王得意地一笑，再次挥动教杆，一篇作文就在黑板上慢慢浮现出来：

身边的爱

在日常生活中，总有人说，人间是冷漠的。但在我看来，人间处处有真情。只要我们有一双善于发现爱的眼睛，就会感受到，爱无处不在。

清晨，当第一缕阳光照进来的时候，妈妈轻轻地唤醒你，并在你的额头上留下一个甜甜的吻，那就是爱。你穿着爸爸给你买的新衣裳，坐在桌前吃着妈妈辛辛苦苦为你做的早餐，那也是爱。爸爸载着你去学校，在校门口千叮万嘱，然后目送着你走进人群中，那还是爱。爸爸妈妈的爱就像春天的阳光一样，每天照耀着你，陪你无忧无虑地长大。

在学校里，老师站在讲台上，面对着一双双求知的眼睛，孜孜不倦地讲授着知识，循循善诱地解答你们的疑问，那就是爱。课余时间，老师仍然不辞劳苦，熬夜为你们批改作业，经常累得腰酸背痛，那也是爱。不管哪个同学生病，最着急的总是老师，他不仅操心你们的学业，更牵挂你们的健康，那还是爱。老师的爱就像春雨一样，滋润着你们的心田，让你们茁壮成长。

放学了，你走进小区的大门，碰到从菜市场回来的吴大妈，她从水果篮里抓起一只最大的芒果，非要塞到你手里，那就是爱。对门林阿姨家的饺子煮熟了，她端着一盘送到你家，那也是爱。五楼张大爷的脚摔伤了，下楼很不方便，只要他出现在楼梯口，邻居们就会争先恐后地搀扶他，

！真是一篇充
杰作啊！
仙”李白看了，都会
称赞一句：“精灵
人类应
该专门为精
灵王设立一个
奖，名字可以
叫古往今来最
伟大作文奖……

那还是爱。左邻右舍的爱就像春风一样，吹到哪里，就把幸福带到哪里。

是的，爱无处不在。要想找到我们身边的爱，就要有一双善于发现爱的眼睛，以及一颗能够感受爱的心……

精灵王一写完，五大护法就轰然叫好。

冯歌德尴尬地擦擦汗："精灵王……不，小黑的作文写得确实还不赖，但你们马屁拍得也太夸张了，你们就不觉得肉麻吗？"

"不肉麻，一点儿也不肉麻！"五大护法齐声道。

"好吧，算你们牛。"冯歌德苦笑一声。

精灵王收起教杆，望向精灵隐士："小白，该你了。先把你的提纲列出来给大家瞧瞧！"

精灵隐士微笑着摇摇头："我不需要列提纲。你刚才也说了，只有写作基础比较差的人，才有必要列提纲……"

"哈哈，看来小黑就属于那种写作基础比较差的！"左小文大笑起来。

精灵王怒哼一声，它的脸肯定已经绿了，还好有青铜面具挡着，大家都看不到。

"构思作文的方法多种多样，除了列提纲，还有一种方法是'打腹稿'。"精灵隐士慢条斯理地讲道，"唐代诗人王勃便是'打腹稿'的高手。每次要写文章，他会摆好笔墨纸砚，再喝上几碗美酒，然后拿被子把头蒙起来，呼呼大睡。等睡醒了，他就提起笔来一气呵成，写完的文章一个字也不用改。还有鲁迅先生，他也特别喜欢'打腹稿'，但他不是睡大觉，而是躺在躺椅上潜心构思，构思好了，他就坐到书桌前慢悠悠地写出来……"

"少废话！"精灵王不耐烦地叫道，"赶紧写你的作文吧！"

精灵隐士笑吟吟地拿出鹅毛笔，掷到半空中。一眨眼，鹅毛笔就洋洋洒洒地写起来：

身边的爱

我从小就相信，人间有爱。爱就像空气，是我们须臾不可或缺的。尽管如此，当我听到那个老人的故事的一瞬间，还是觉得心头一震，忍不住热泪盈眶……

　　那是一个无家可归的白发老人，经常在我们学校附近的一个垃圾堆里出没。去年春天，他在垃圾堆旁搭起一个窝棚，住了下来。

　　我们都很讨厌他，因为他每天靠捡垃圾过活，衣服也从来不洗，浑身上下永远带着一股馊臭味。偏偏他又喜欢往人多的地方凑，只要看见有人喝饮料，他就会停下来，眼巴巴地望着对方手中的塑料瓶。

　　"闪开！臭老头儿！"总有人忍受不了他身上的臭味，直接把没喝完的瓶子扔到他脚边。

　　他捡起瓶子，倒掉里面的饮料，小心地放进自己的蛇皮袋里，然后开心地走了。

　　有一次，老师让我们描写人物，班里有两个同学写到了那个老人，但题目不一样。一个写的是"最可怜的人"，另一个写的却是"我最讨厌的人"。

虽然我们都不喜欢他，有的同学还经常欺负他，但他从不生气。每当我们放学的时候，他就坐在路边，身上穿着从垃圾堆里捡来的破衣烂衫，笑眯眯地打量着每一个路过的同学。他的身旁，永远都放着那个鼓囊囊的蛇皮袋。

去年冬天，连续下了好几场大雪。突然有一天，同桌告诉我，那个老人去世了。

我感到有些吃惊。不过，更让我吃惊的是，老人举行葬礼的那天，来拜祭的人特别多，甚至还有十几名从山区赶过来的学生。其中，既有小学生，也有中学生，还有几名大学生。他们在那间破窝棚前跪成一片，放声大哭。

就在我大惑不解的时候，一个阿姨向我道出了原委。十几年来，老人虽然吃不饱穿不暖，每天像乞丐一样，但他每个月都会把捡垃圾换来的钱寄到贫困山区，资助那些上不起学的孩子。如今，他最早资助的那批学生已经大学毕业了，可以回来报答他了，他却悄无声息地走了……

　　那天，雪下得特别大。我只记得雪花落在我热泪纵横的脸上，凉冰冰的……

　　我一直相信，人间有爱。那个老人的故事更让我深信，人间有大爱。爱不在别处，就在我们身边。有太多的爱就像蒙尘的宝石，起初并不起眼，但总有一天，那些灰尘会被拭去，所有人都将看到，那份爱光芒四射，直抵人心。

　　精灵隐士写完了，古堡中一片安静。所有的精灵都望着空中的那些文字，屏息凝神。

　　左小文清清楚楚地看见，橙墨精灵的脸上流下两道晶莹的泪水，如同两条蚯蚓爬过。可是很快，它就一抹眼泪，点评道："写得太烂了！通篇胡编乱造，一点儿也不感人！"

"没错！还是咱们精灵王的作文写得好！"黄梅精灵接口道。

"谁的作文写得好，你们说了可不算。"左小文笑着说。

"难道你说了算？"蓝冰精灵冷笑一声。

"我们肯定说小白写得好，你们肯定说小黑写

得好，所以咱们说了都不算。"左小文说，"说了算的应该是在座的每一位精灵。"

赤焰精灵一听，立刻转向观众席上的精灵们，大声问："你们说，谁写得最好？"

观众席上还是一片死寂，没有哪个精灵敢公开表态。

"你那样问是没用的，最好的办法是打分。"戴星儿忽然说。

"打分？怎么打？"大家齐声问。

"很简单，每一个精灵头上都有一盏可以随时点亮的小灯，它们觉得谁的作文写得好，把小灯点亮就行了。"戴星儿说着，跳到中央的石桌上，"来，大家现在开始打分吧！"

魔法练习册

在正式动笔前，最好先列一下写作提纲。提纲，分为简明提纲和详细提纲两种。

请阅读下面的作文题，然后根据精灵王讲的技法，列一个详细的写作提纲。

从小到大，你或许为很多人鼓过掌，可是，你有没有为自己鼓过掌呢？请以"为自己鼓掌"为题，写一篇不少于500字的记叙文。

第三十二章

精灵们的选择

怎样写议论文

看得出来，观众席上的精灵们从来没有遇到这种情况，所以都有些不安，纷纷交头接耳。

赤焰精灵也飞到那张石桌上，扯着脖子叫道："打分就打分！来，精灵们，认为精灵王的作文写得好的，就把你们头上的小灯点亮吧！"

它刚说完，自己头上的那朵红色火焰就亮起来。其余的四大护法和它们身后的几十名士兵也陆续点亮头上的小灯，一眼望去，五颜六色。

可是，观众席上依旧一片漆黑。精灵们不再窃窃私语了，古堡内重新陷入死寂之中。

"你们别愣着，快亮灯啊！"赤焰精灵急忙催促道。

观众席上仍然没有亮灯，气氛有些压抑。

"不是说好亮灯吗？"赤焰精灵转头问戴星儿，"它们为什么不配合？"

"我想，它们应该已经很配合了。"戴星儿微微一笑。

"什么意思？"

戴星儿没有回答，转身面向所有的精灵说："精

18

灵们，认为精灵隐士的作文写得好的，请点亮你们的小灯。"

一刹那，观众席上的小灯都亮起来了，炫目的灯光把整座古堡照耀得如同白昼。

"哈！群众的眼睛……不，群众的灯泡是雪亮的！"左小文兴奋地叫道。

五大护法一看，无不惊慌失措。它们头顶上的灯光开始不安地闪烁，很快就熄灭了。

精灵王怒火冲天。如果没有青铜面具挡着，大家肯定会看到，它的黑脸已经被气得煞白了。它尖着嗓子咆哮道："你们……你们是要造反吗？"

没有精灵回答，观众席上仍然一片死寂，但每一盏灯都像一只炯炯有神的眼睛。成千上万束灯光聚焦在大厅中央，精灵王原本不可一世，现在却像一个被推到聚光灯下的小丑，看着既可笑又可怜。

精灵王还想发火，可是在灯光的照射下，它越来越胆怯，都快要缩成一团了。

"说真的，我们精灵王的作文写得不错呀，为什么大家都不给它亮灯呢？"旁边的橙墨精灵挠挠

头，纳闷地咕哝。

"平心而论，小黑写得确实还行。"冯歌德说，"它写的是身边的小爱，精灵隐士写的是人间的大爱。如果说精灵隐士的作文相当于高年级学生的水平，那么小黑的作文代表的就是广大的中年级学生，可以说两者各有千秋。之所以大家不给小黑亮灯，我猜是因为小黑作为精灵王……不，作为上一任精灵王，对精灵们的压迫太狠了。精灵们对它是又恨又怕，自然不肯支持它了。"

"你说得也有一定道理。"橙墨精灵眉头一皱，"等等，'上一任精灵王'是什么意思？"

左小文抢着说："投票结果一目了然，精灵隐士小白取得了压倒性的胜利，所以，我们精灵王国真正的国王就是小白先生！"

他刚说完，大厅内外就骚动起来。所有的精灵都转过脑袋，头顶上的灯光齐刷刷聚焦到精灵隐士身上。精灵隐士苦笑着摆摆手："抱歉，我可不想当国王。"

"你不想当也不行。"左小文咧开嘴一笑，"大家都热切期盼着，能有一位贤明的国王带领广大受苦受难的精灵脱离苦海呢。"

说完，他望向观众席上的精灵们，大声喊道："想让小白先生当你们的国王吗？想的话就把你们的灯光变成金色的吧！"

一瞬间，每一盏小灯都变得金光灿灿，放眼望去，整个古堡恍如一座金碧辉煌的宫殿。

精灵王知道自己已经彻底失势了，它弓着腰东张西望，只想赶紧逃走。旁边的五大护法都是趋炎附势之辈，它们不约而同地冲到精灵隐士面前，高呼一声："恭贺新王登基！新王万岁万岁万万岁！"然后，一起跪倒在地。

"我都说了，我不想当你们的国王。"精灵隐士重复道。

"如果你不当国王，可恶的小黑就会继续祸害大家，难道你忍心不管吗？"冯歌德问。

"我不当国王，但我会阻止小黑继续当国王。"精灵隐士淡淡地说，"其实我一直认为，我们精灵王国与世无争，精灵们都亲如手足，大家就是一家人，根本不需要国王。"

"说得对……"观众席上有一只精灵轻声说着。

"哎呀，别让精灵王跑了！"又有一只精灵突然大叫。

大家转头一看，不知什么时候，精灵王已经溜到大门口了。顿时，所有精灵的情绪都被点燃了，它们七嘴八舌地喊起来。

"快抓住它！"

"把它的面具摘下来，看看它到底长什么样！"

"对了，咱们的作文秘籍还在它手里呢，必须让它交出来！"

五大护法都想抢头功，它们对视一眼，争

先恐后地朝精灵王冲去，想要抓住它。精灵王大惊失色，虽然以它的法力，要击退五大护法并不太难，但五大护法身后还跟着一群激愤的精灵，大家一哄而上，就算它本事再大，也肯定无法脱身了。

情急之下，精灵王从怀中掏出一本薄薄的小册子，对着它念动咒语。霎时，捆绑册子的金线绷断了，无数的册页犹如一群铺天盖地的蝴蝶，向精灵们飞去。

"是作文秘籍！"冲在最前方的赤焰精灵跳起来抓到一页，惊喜地叫道。

身后的精灵们一听，也纷纷跳起来抓那些册页，看上去就像一群蹦跳着捉蝴蝶的孩子。精灵王得意地一笑，扶扶脸上的青铜面具，溜出大门逃走了。

古堡内一片混乱，精灵隐士无奈地摇摇头。就在此时，一张册页慢悠悠地飘到左小文的头顶上，他连忙抓到手里，展开一看，上面有一段文字，讲的是写议论文的技巧。

"议论文，也叫说理文，它是以议论为主要表达方式，通过摆事实、讲道理来表达作者的观点和主张的一种文体。议论文的三要素是论点、论据和论证。"左小文皱皱眉头，"都是老生常谈，没有什么新意……"

"背面还有字呢。"戴星儿提醒道。

左小文把那张册页翻过来，继续读道："议论文的写法是有一定技巧的，比较常用的是五步法。第一步，开门见山，直接把中心论点摆出来。第二步，举出一个或几个例子，证明中心论点。第三步，最好再举出一个反面的例子。第四步，联系现实生活，使文章具有现实意义。第五步，总结全文，呼应开头。"

"还是挺实用的。"戴星儿边听边说，"不过话说回来，如果所有的议论文都按照五步法的套路来写，那就千篇一律了……"

"你们瞧！"冯歌德举着一张册页，高兴地喊道，"我也抓到一页！"

大家凑过去一看，那上面是一篇例文：

论诚信

　　我一直认为，无论在何时何地，诚信都是极为可贵的品质。《论语》有云："一言既出，驷马难追。"一个人，如果不讲求诚信，即使他才高八斗、武功盖世，也是不值得信任的。

　　在孔子的七十二门生中，有一位曾参，他不但学识渊博，而且德行高尚。有一次，曾参的妻子要去集市买东西，儿子大哭大闹，也要跟着去。他的妻子就说："只要你乖乖在家里待着，妈妈回来以后就把猪杀掉，煮肉给你吃。"后来，妻子回到家，发现曾参真的把家里的猪给杀了，她吃惊地说："我是骗孩子的，你怎么能当真呢？"曾参语重心长地说："孩子是不能欺骗的。他现在年纪小，还不懂事，要向父母学习。今天你欺骗他，明天他就会欺骗别人。今天你言而无信，明天他就不会再信任你，你说可怕不可怕？"

　　明朝初期的刘基曾经讲过一个寓言，说的是一位富商渡河时因为触礁翻船，他在水中一边扑腾，一边大叫："谁能救我，我就给谁一百两金子！"一位渔夫跳下去，把他救上岸，他却只给了渔夫八十两金子。渔夫说他不讲诚信，他还振振有词，说渔夫太贪婪了。后来，富商坐船时又落水了，

他又在水里喊："谁能救我，我就给谁一百两金子！"可是他言而无信的名声早就传开了，岸上的人都不肯救他，他扑腾半天，最后在水里淹死了。

不讲诚信的后果是非常严重的。在学校里，如果同学之间不讲诚信，就不可能产生真正的友谊。在市场上，如果买卖双方不讲诚信，就没办法完成交易。在国际上，如果国与国之间不讲诚信，彼此欺骗，互相侵扰，甚至可能引发世界大战……

诚信是我们中华民族的传统美德。小到一个人，大到一个国家，缺乏诚信，带来的必然是灾难。而只要有诚信相伴，人与人之间，将会开出一朵朵美丽的信任之花，国与国之间，也将结出一颗颗丰硕的和平之果。

议论文的三要素是论点、论据、论证。而议论文的写法，比较常用的是五步法。

下面，我们就通过分析大家非常熟悉的两篇文章，来讲一下议论文的三要素和五步法。

真理诞生于一百个问号之后

叶永烈的《真理诞生于一百个问号之后》是一篇优秀的议论文。首先，作者开门见山，直接在第一段摆出中心论点："真理诞生于一百个问号之后。"然后在第二段补充说明，科学史上那些定理、定律、学说的发现者、创立者，都善于从司空见惯的现象中看出问题，然后发问，并追根求源，最后找到真理。

接下来，作者通过介绍三个事例，来证明中心论点。第一个事例是美国的谢皮罗教授在洗澡的时候发现，每次放掉洗澡水时，水的漩涡总是朝逆时针方向旋转，他就带着疑问进行研究，并最终认为，这种漩涡与地球的自转有关。第二个事例是英国的化学家波义耳发现，紫罗兰中有一种成分遇到盐酸会变红，他就认真地研究起来，最后成功研制出了石蕊试纸。第三个事例，是一位奥地利医生发现他的儿子睡觉时眼珠经常转动，他就把身边的亲戚朋友当成实验对象，反复观察，最终确认，人在睡觉时眼珠转动，就说明他在做梦。

以上三个有趣的事例，都与我们的生活息息相关。作者说，只有那些善于在生活中发问并不断探索的人，才能有所发现，有所成就。反过来说，科学的灵感，决不是坐在家里等就可以等来的。

最后，作者总结全文，呼应开头，并得出结论："如果说科学领域的发现有什么偶然的机遇的话，那么这种'偶然的机遇'只能给那些有准备的人，给那些善于独立思考的人，给那些具有锲而不舍精神的人。"

可以说，全文的结构非常清晰。题目就是论点，旗帜鲜明。中间的三个事例就是论据，虽然三个故事的主角是不同领域的人，但他们有一个共同点，就是善于发现问题，并且具有锲而不舍的精神。论证的过程也是水到渠成，一目了然。总之，是一篇

不可多得的佳作。

滴水穿石的启示

在《滴水穿石的启示》中，作者没有直接摆出观点，而是首先描写了安徽广德太极洞内一块状如卧兔的石头，接着分析了石头上的小洞是由岩缝里的水滴长年累月滴出来的，然后提出了论点："水滴的力量是微不足道的，可是它目标专一，持之以恒，所以能把石块滴穿。如果我们也能像水滴那样，还有什么事情做不成呢？"

摆出论点之后，作者也举了三个事例。第一个是明代医学家李时珍，他踏遍祖国大地，经过二十几年的不懈努力，终于写出了药学巨著《本草纲目》。第二个是美国发明家爱迪生，他迷恋电学实验研究，毕生孜孜不倦，最后拥有了一千多项发明专利权。第三个是现代书画家齐白石，他一生极为勤奋，即使到了晚年，也仍然坚持每天作画三幅，最终他的绘画技艺达到了炉火纯青的境界。

接着，作者举了一个反面的例子："我们知道，雨水是以很快的速度从高空落下来的，它的力量比太极洞里的水滴大得多，但它却不能把石块滴穿。这是什么原因呢？因为它没有专一的目标，也不能持之以恒。"

最后，作者总结道："目标专一而不三心二意，持之以恒而不半途而废，就一定能实现我们美好的理想。"

本文的写法基本上符合议论文的五步法：引出中心论点，举几个例子来证明论点，最好再举一个反面的例子，同时要联系实际，最后总结全文。所以，全文条理清晰，通俗易懂，而且很有说服力。

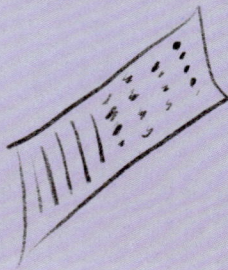

第三十三章

唤醒沉睡的记忆

怎样写说明文

冯歌德一口气读完册页上的《论诚信》，点评道："果然是按照五步法写出来的议论文。第一段摆出论点，第二段举一个例子，第三段举反面的例子，第四段联系现实，第五段总结全文。虽然有点啰唆，但整体写得还可以……"

　　此时，古堡内已经乱成一团。观众席上的精灵们纷纷飞到半空中，捧着抢到手的册页，如饥似渴地阅读起来。因为精灵王极端自私，它规定，每一个精灵只能掌握一种作文技巧，现在大家读到全新的技法，自然激动万分。

　　一时间，大厅里只能听见精灵们滔滔不绝的朗读声。

　　赤焰精灵作为五大护法之首，立功心切，它飞到高处，扯着嗓子叫道："咱们王国自古以来就严禁精灵私自翻阅秘籍，现在新王登基，你们公然违令，简直无法无天！我命令你们在十秒钟内交出所有的册页，谁若不交，格杀勿论！"

　　精灵们一听，都像触电一样，急忙松开拿着册页的手。赤焰精灵得意地一笑，大声念出一句咒语，

然后双手一拍。

　　只见那些悬浮在空中的册页陆续飞过来，在赤焰精灵面前自动摞成厚厚一沓。

　　"尊敬的大王，"赤焰精灵捧起秘籍，走到精灵隐士面前，毕恭毕敬地说，"作文秘籍是咱们的镇岛之宝，请您收下。"

　　精灵隐士没有接，只是淡淡地说："不必给我。"

　　"明白！我帮您找一间密室珍藏起来，然后派重兵把守，保证不会被那些刁民……"

　　"不，你就把它放在那张桌子上吧。"精灵隐士指指大厅中央的石桌，"谁都可以翻阅，只要别把秘籍翻坏就行了。"

"啊？谁都能看？"赤焰精灵大吃一惊，"那万一有刁民趁机把秘籍偷走怎么办？"

"不要把我们的精灵都想象成刁民。"精灵隐士微笑道，"当然，为了公平起见，我也立一个规矩吧。大家只能在古堡内翻阅，不能把秘籍带走，而且只能在月光中阅读……"

"月……月光？哪有月光？"

精灵隐士抬头望着古堡的穹顶，手中的鹅毛笔轻轻一挥。眨眼间，木质的穹顶已经变成一块透明的水晶，柔柔的月光像水一样倾洒下来，铺满石桌。

赤焰精灵走过去，把秘籍放在石桌上，弱弱地问："陛下，我能先看吗？"

"当然可以。"精灵隐士笑着点点头。

"太好了！"赤焰精灵一屁股坐在石凳上，兴致勃勃地翻阅起来。

"如果大家在阅读的过程中有疑问，可以随时问我。我就要回到月光深处的无影城了，你们在月光中提出的任何问题，我都能听到，我会尽我所能为你们解答。"

"小白先生，你真的要回去了？"左小文有些不舍。

"是的，我还是更喜欢在无影城里当一个与世无争的隐士。"精灵隐士笑眯眯地看看四周，说道，"从今天起，精灵古堡就改叫精灵学堂吧。大家只要有空，就可以过来交流作文技法，互相学习，共同提高。"

"大王英明！"橙墨精灵领头，全场的精灵都喊起来，古堡上下一片欢呼。

精灵隐士苦笑着耸耸肩，转过头说："临走前，我还有一件事要办，就是帮青芽、紫月和黑豆恢复法力。"

"它们的法力还能恢复？"戴星儿惊喜万分，"那可太好了！"

"当然可以，只不过需要全岛精灵共同施法。"精灵隐士面向观众席，大声说，"亲爱的精灵们，现在请伸出你们的双手，我们一起念爱心咒……"

它一说完，所有的精灵就伸出手来，念起咒语。眨眼间，每一双手上都冒出一颗红心，远远望去，观众席变成一片红色的海洋。

　　精灵隐士同样伸出手，轻声念出一句咒语。很快，那些红心听到召唤，纷纷向它飞来。它就像一位太极宗师，用双掌把成千上万颗红心捏成一颗殷红的心，接着往身后轻轻一推……

　　青芽、紫月和黑豆就在精灵隐士身后，神情都十分萎靡。此时，那颗巨大的红心化作一场红色飓风，把它们裹挟起来，开始疯狂地旋转。就在大家看得眼花缭乱的时候，飓风骤然停歇，一切烟消云散。只见三个可怜的精灵站在那里，呆呆地望着大家。

　　"大……大家好，好久不见。"青芽精灵首先开口了。

　　"小青！你终于复原了！"左小文高兴地跳过去，抓住它的肩膀一阵猛摇。

　　"你是谁？"青芽精灵瞪着眼睛问。

　　"你不认识我了？我是……"左小文突然一拍

自己的脑门——他才想起来自己还是精灵的模样，难怪青芽认不出来了。他连忙转头对精灵隐士说："小白先生，麻烦你把我们变回人类吧！"

精灵隐士把头一点，一挥手中的鹅毛笔。随着星光一闪，左小文、戴星儿和冯歌德果然变回了人类的样子。

冯歌德低头打量着自己，高兴地说："还是当人好啊！嘿嘿，难怪民间传说里的妖精们都想变成人呢！"

戴星儿却顾不上说笑，她快步走到紫月精灵面前，拉着它的手激动地说："小紫，我还以为永远失去你了！还好，你没受什么伤。走吧，我们一起回七星镇，我要带你去超市，买你最爱吃的……"

没想到，紫月精灵甩开她的手，疑惑地说："不好意思，我不认识你。"

戴星儿愣住了，旁边的左小文和冯歌德面面相觑，也十分诧异。

精灵隐士拍拍自己的额头，无奈地说："哎呀，我差点忘了。我们的爱心咒虽然能恢复精灵的法

力，但也会损伤它们一部分近期的记忆。简单地说，小青和小紫的记忆估计还停留在它们逃出精灵岛之前。"

"啊？原来它们失忆了！"左小文惊呼。

精灵隐士飞到青芽和紫月面前，和蔼地说："左小文和戴星儿是你们在人类世界的主人。你们仔细回忆一下，应该能想起来。"

青芽和紫月歪着头，绞尽脑汁地想呀想，脑袋都快想炸了，还是什么都没想起来。

精灵隐士朝左小文叹气道："它们想不起来，我就爱莫能助了。不过，你们可以想个办法，唤醒它们沉睡的记忆。"

"唤醒记忆？怎么唤醒？"左小文忙问。

"我们是作文精灵，要唤醒记忆，最好的方法当然就是写作文。"精灵隐士回答。

"写作文倒不难。"左小文转头对冯歌德说，"你还记得吗？小青是骑着一头巨大的蓝鲸出现在咱们镇上的摘星潭里的……"

"是的，小青对那头蓝鲸肯定印象深刻。"冯歌德抱着双臂说。

"嘿，歌德，你写作文最拿手了，干脆就由你来写一篇关于蓝鲸的文章吧！"

"关于蓝鲸的文章？你的意思是让我写一篇说明文吗？"

左小文正要回答，却听见坐在石桌前翻阅秘籍的赤焰精灵叫道："哈！我刚好读到关于说明文的写作技巧，要不要念给你们听听？"

"念吧，让我们也学习一下。"戴星儿说。

"说明文，是以说明为主要表达方式的文体，它通常用来解说事物、阐明事理。说明文的三要素是内容的严密性、说明的条理性、语言的准确性。简单来说，就是运用准确生动的语言，按照一定的顺序如实地反映客观事物。"

戴星儿说："你还是讲讲怎样才能写好说明文吧。"

赤焰精灵继续朗读道："首先，应当注意观察，准确、全面地把握事物的特征。观察的时候不但要有针对性，而且要分清主次，不能走马观花。其次，

应当合理安排说明的顺序。说明顺序有三种，即空间顺序、时间顺序、逻辑顺序。说明事物的形状或构造，通常要按照空间顺序，如从上到下、从前到后、从左到右、从远到近；说明事物的成因或方法，往往以时间顺序为主，如从古到今、从早到晚；而说明事物的道理，就要按照逻辑顺序，如从现象到本质、从原因到结果。当然，大多数说明文都会综合使用多种说明顺序。"

左小文听得直打哈欠。

赤焰精灵仍然喋喋不休地读着："第三，在说明的过程中，应当采用恰当的说明方法。说明方法很多，比较常用的有下定义、作诠释、举例子、列数字、分类别、打比方、引资料、作比较、摹状貌、画图表……"

"好了，你说的我都懂。"冯歌德不耐烦地打断它的话，"现在，我要开始写作文了！"

说明文，就是以说明为主要表达方式的文体，通常用来解说事物、阐明事理。

下面，我们来欣赏一些经典说明文的精彩片段，看看它们都运用了哪些说明方法。

随着科学的发达，人类对自然界的了解越来越广泛和深入，可到现在为止，我们的眼睛所能钻进石圈的深度顶多也还不过十几公里。地球的直径却有着12000多公里呢！就是说，假定地球像一个大皮球那么大，那么，我们的眼睛所能直接和间接看到的一层就只有一张纸那么厚。

再深些的地方究竟是什么样子？我们有没有办法去侦察呢？有。这就是靠由地震的各种震波给我们传送来的消息。不过，通过地震波获得有关地下情况的消息，只能帮助我们了解地下的物质的大概样子，不能像我们在地表所看见的岩石那么清楚。（李四光《看看我们的地球》）

沙漠是人类最顽强的自然敌人之一。有史以来，人类就同沙漠不断地斗争。但是从古代的传说和史书的记载来看，过去人类没有能征服沙漠，若干住人的地区反而为沙漠所并吞。

地中海沿岸被称为西方文明的摇篮。古代埃及、巴比伦和希腊的文明都是在这里产生和发展起来的。但是两三千年来，这个区域不断受到风沙的侵占，有些部分逐渐变成荒漠了。

我国陕西榆林地区，雨量还充沛，在明末清初的时候是个天然草原区，没有多少风沙。到了清朝乾隆年间，陕西和山西北部许多人移居到榆林以北关外去开垦。当时的政府根本不关心农业生产事业，生产技术又不高，垦荒伐木，致使原来的草地露出了泥土，日晒风吹，尘沙就到处飞扬。由于长城外的风沙侵入，榆林城也受袭击，到解放以前，榆林地区关外30公里都变成沙漠了。（竺可桢《向沙漠进军》）

它们面容清秀，眼睛闪闪有光，身体矫健，四肢轻快，非常敏捷机警。玲珑的小面孔，衬上

一条帽缨形的美丽尾巴，显得格外漂亮。尾巴老是翘起来，一直翘到头上，自己就躲在尾巴底下歇凉。它们常常直竖身子坐着，像人们用手一样，用前爪往嘴里送东西吃。可以说，松鼠最不像四足兽了。

松鼠不躲藏在地底下，经常在高处活动，像飞鸟一样住在树上，满树林里跑，从这棵树跳到那棵树。它们在树上做窝，摘果实，喝露水，只有树被风刮得太厉害了，才到地上来。在平原地区是很少看到松鼠的。它们从来不接近人的住宅，也不待在小树丛里，只喜欢住在高大的老树上。在晴朗的夏夜，可以听到松鼠在树上跳着叫着，互相追逐。它们好像很怕强烈的日光，白天躲在窝里歇凉，晚上出来奔跑、玩耍、吃东西。它们虽然也捕捉鸟雀，却不是肉食兽类，常吃的是杏仁、榛子、榉实和橡栗。（［法］布封《松鼠》，任典译）

苏州园林里都有假山和池沼。假山的堆叠，可以说是一项艺术而不仅是技术。或者是重峦叠嶂，或者是几座小山配合着竹子花木，全在乎设计者和匠师们生平多阅历，胸中有丘壑，才能使游览者攀登的时候忘却苏州城市，只觉得身在山间。至于池沼，大多引用活水。有些园林池沼宽敞，就把池沼作为全园的中心，其他景物配合着布置。水面假如成河道模样，往往安排桥梁。假如安排两座以上的桥梁，那就一座一个样，决不雷同。池沼或河道的边沿很少砌齐整的石岸，总是高低屈曲任其自然。（叶圣陶《苏州园林》）

俗话说："针尖小的孔能透斗大的风。"笔帽和壶盖上的小孔，就是起透风作用的。相反，宇宙飞船的舱壁，却绝不允许有针尖大的小孔。因为太空中是真空，万一飞船的舱壁有一个小孔，飞船内的空气便会朝外跑，就要使宇航员的生命受到威胁。正因为这样，宇宙飞船在上天之前，要严格检查密封状况，一定要堵塞舱壁上的任何一个小孔。（叶永烈《笔帽上的小孔》）

第三十四章

重返
七星镇

时间推移法

冯歌德借来精灵隐士的鹅毛笔，稍作思索，便在月光中写起来：

蓝鲸的自述

在正式自我介绍前，我先给大家出个谜语："叫鱼不是鱼，终生住海里。远看似喷泉，近看像岛屿。"你们猜，答案是什么？

没错！就是我们鲸鱼。

值得一提的是，虽然名字里带着"鱼"，但我们其实不是鱼，而是哺乳动物。

我们鲸类是一个非常大的家族，种类繁多。通常来说，我们分为两大类。一类是齿鲸，顾名思义，就是嘴里长着牙齿的鲸类，包括抹香鲸、突吻鲸、虎鲸、海豚等70多种。其中虎鲸被称为"海中霸王"，它们的嘴非常大，嘴里有40多枚圆锥形的大牙齿，可以吞下一只海狮。另一类是须鲸，包括长须鲸、座头鲸、蓝鲸、灰鲸等15种。

分辨齿鲸和须鲸还是比较容易的，主要有两点区别。第一，齿鲸有牙无须，牙齿锋利，通常吃大鱼、海兽和海鸟；须鲸有须无牙，通常吃小鱼、虾和贝类。第二，齿鲸喷出的水柱是倾斜的，又粗又矮；须鲸喷出的水柱是垂直的，又细又高。

至于我，就是须鲸家族中的蓝鲸。据科学家研究，我们蓝鲸是地球上生存过的体积最大的动物，其中最大的长达33米，重达181吨。大家知道，非洲象是陆地上最大的哺乳动物，而我比20只非洲象加起来还要重，厉害吧?

我们蓝鲸是群居动物，经常成群结队地在海里游来游去。我们是用肺呼吸的，每次呼气的时候，都会在海上喷出两道水

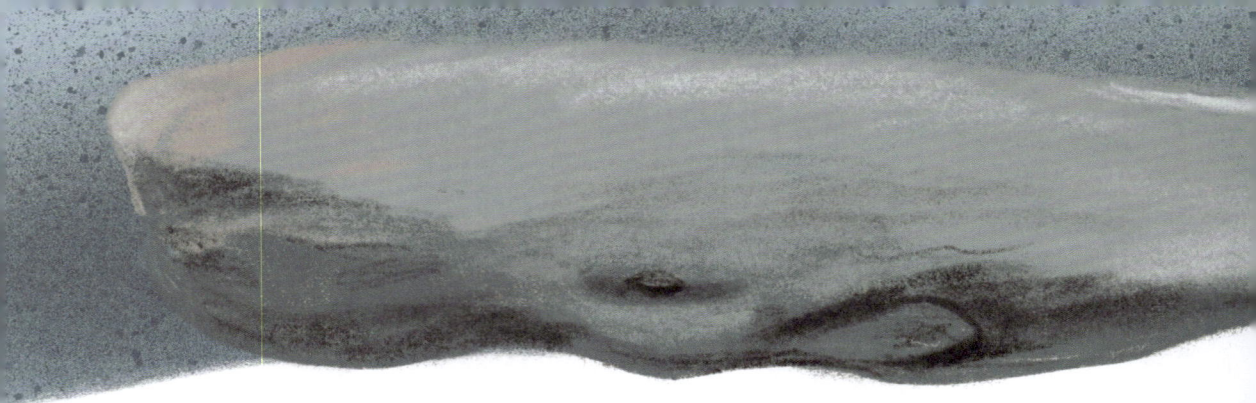

柱，像喷泉一样。

　　就连睡觉的时候，我们都要三五成群地凑在一起，头朝里，尾巴朝外，在海面上静静地围成一圈。一听到声响，我们就赶紧游开。

　　我们鲸类都是胎生的，寿命跟人类差不多，

一般都能活几十年，有的甚至能活 100 年。

尽管我们蓝鲸的寿命比较长，但是近年来由于捕鲸者的疯狂猎杀，再加上海洋污染越来越严重，我们已经快灭绝了。据专家统计，现在地球上大概只剩下三千多头蓝鲸了。

以前，我有很多伙伴，可是现在我身边的伙伴越来越少，我也越来越孤独。我真想向人类大喊一声："我们只想安安静静地生活在大海里，求求你们高抬贵手，放过我们吧！"

戴星儿看完作文，点评道："作为一篇用第一人称来写的说明文，语言比较生动，而且充分运用举例子、列数字、分类别、作比较、打比方、摹状貌等多种说明方法，不错不错。"

青芽精灵逐字逐句地读完，眉头却皱起来了。左小文不失时机地问："小青，你有没有想起什么来？"

青芽精灵先是点点头，很快又摇摇头："我的脑子现在就像一团浆糊，我也不知道有没有想起来。唉，头疼……"

"想不起来就不要再想了。"精灵隐士温和地说，"青芽，我建议你和紫月跟着左小文、戴星儿回一趟七星镇，你们故地重游，触景生情，记忆就会慢慢恢复了。"

青芽和紫月忙不迭地点点头。忽然，在旁边一直没有吭声的黑豆精灵叫起来："我……我也想一起去，可以吗？"

"当然可以，亲爱的黑豆。"青芽亲切地拍拍黑豆的肩膀。

"咳咳，顺便问一下，我的主人是谁？"黑豆仰着头问冯歌德，"喂，是不是你？"

冯歌德还没来得及回答，左小文就抢着叫道："没错，你的主人就是冯歌德！你想想，好好想想，肯定能想起来……"

　　黑豆瞪大眼睛盯着冯歌德，猛地一拍大腿："哎呀，我想起来了！你就是我主人！亲爱的主人，快带我走吧，我也想回七星镇，我也要去超市买好吃的！"说完，它一下子蹦起来，抱着冯歌德的腮帮子一阵猛亲。

冯歌德被亲得哇哇大叫，左小文和戴星儿对视一眼，不约而同地大笑起来。

　　精灵隐士也忍俊不禁。它一边笑，一边拿着鹅毛笔在月光中画起画来。很快，那扇时空之门就出现在它的笔下。紧接着，那对时光之翼也飞过来，带着那把古铜色的钥匙。

　　左小文跳起来抓住钥匙，插进门上的锁孔里，轻轻一扭，那扇门便徐徐开启。

　　"去吧，那就是你们来的地方。"精灵隐士说，"你们该回家了，我也该回无影城了。"

　　说完，精灵隐士与所有的精灵挥手道别，然后乘着月光缓缓飘向穹顶。渐渐地，它披着银白色斗篷的身影越来越淡，最终完全消融在皎洁的月光中。

　　"我们也走吧。"左小文说。

　　于是，青芽精灵跳上左小文的肩膀，紫月精灵飞到戴星儿的发卡上，黑豆精灵仍然趴在冯歌德的腮帮子上，他们携手走进时空之门，定睛一看，里面正是左小文家的卧室。

　　"哇！终于回家了！"左小文欢呼一声。

戴星儿转头看看墙上的石英钟，现在是十二点半。她惊讶地说："我还以为我们出去了几天几夜呢，原来时间只过去了半个小时！"

　　"那可不一定。"冯歌德一边把黑豆精灵从自己的脸上撕下来，一边说，"现在有可能是三天之后的十二点半，也有可能是三年之后的十二点半，因为《西游记》中就写过，'天上一日，地上一年'。"

　　"咱们去的又不是天上！"左小文撇撇嘴。

　　青芽精灵蹲在左小文的肩膀上，四处打量着，很显然，它的回忆正在被重新激活。紫月精灵有些兴奋，在戴星儿的头上翩翩起舞。黑豆精灵却不安分起来，它在房间里上蹿下跳，东寻西找，嘴里还嘟嘟囔囔："哪里有好吃的？饿死我了……"

　　冯歌德没有理它，三个人小声聊着在精灵岛上的奇遇。突然，只听"砰"的一声，床边的保温瓶被黑豆精灵碰倒了，它吓得尖叫不止，一下子跳到冯歌德的脸上，浑身瑟瑟发抖。

　　"不准揪我的脸！"冯歌德大吼。

　　"老天爷！我的暖水瓶！"左小文大叫。

就在大家乱成一团的时候，隔壁房间忽然响起一阵脚步声。很快，卧室的门被推开了，左小文的妈妈探进头来，生气地喊道："小文！大晚上的不睡觉，你瞎折腾什么……星儿？你什么时候来的？咦，歌德也来了？哎呀，都十二点半了，你们怎么还不回家睡觉啊？"

"我……我们正在和左小文研究作文呢。"戴星儿挠挠头，尴尬地说。

"没错，我们三个好朋友刚刚经历了一场激动人心的作文之旅！"冯歌德嘿嘿一笑。

"学习当然是好事，但你们也不能熬夜啊！"左小文的妈妈说，"走吧，阿姨送你们回家。"

戴星儿和冯歌德听话地点点头。左小文忽然想起了那三个精灵，仔细一瞧，青芽变成了他脖子上的一条嫩芽项链，紫月变成了戴星儿手上的一枚弯月戒指，而黑豆变成了一只黑不溜秋的甲虫，就趴在冯歌德的后脑勺上。

第二天，左小文像以往那样，把青芽精灵装进书包，带到了学校。戴星儿和冯歌德也把紫月和黑豆带来了，三个精灵在桌洞里打打闹闹，开心极了。

不久，笨笨老师走进教室，踏上讲台，笑眯眯地说："各位，好久不见。"

"好久不见？"同学们都很奇怪，"老师，我们不是昨天才见的吗？"

"嘻嘻，我不是跟你们说的。"笨笨老师的眼角有意无意地朝左小文一瞥。

左小文心里一惊，低下头对戴星儿说："你还记不记得？昨天咱们穿越到精灵岛之前，笨笨老师也曾经对着咱们神秘地一笑，他似乎知道精灵岛的秘密……"

"我觉得不太可能，你想多了。"戴星儿望着笨笨老师，小声嘀咕。

讲台上，笨笨老师收起笑容，认认真真地说："再过几天就是作文大赛了，时间不等人，所以我们今天要连上三节作文课。经常有同学问我，要想在考场上快速写出一篇作文，有哪些实用的绝招呢？经过潜心研究，我总结出六大绝招。今天的第一堂课，我先讲讲第一招：时间推移法。"

同学们纷纷打开笔记本，准备记录。

"所谓时间推移法，就是按照时间推移的顺序描写事物的写作方法。时间推移的顺序，既可以是一天的早晨、中午、下午、晚上，也可以是一年的春、夏、秋、冬，还可以是一生中的幼年、少年、青年、壮年、老年。当然，也包括某种行为或动作发生的先后顺序。比如我们观察在深夜盛放的昙花，就可以按照开花前、开花中、开花后的顺序来描写。"

因为昨晚没睡好，左小文坐在座位上不停地打瞌睡。

"时间推移法的用途是比较广泛的，不但可以用来写景，也可以用来写人或记事。采用时间推移法，能够将事情的来龙去脉交代清楚，给人以清晰完整的印象，可以说，非常符合多数人的阅读习惯……"

笨笨老师讲到一半，猛地提高音量："下面，我就请一位同学上来写一篇例文。咳咳，左小文！"

魔法练习册

时间推移法，就是按照时间推移的先后顺序描写事物的写作方法。它既可以用来写景，也可以用来写人或记事。

下面，请你也拿起笔，运用时间推移法来写一篇作文，题材任选，字数不限。跟左小文比一比，看谁写得更胜一筹吧。

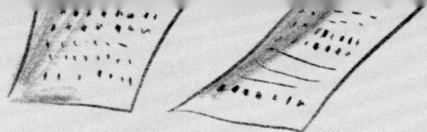

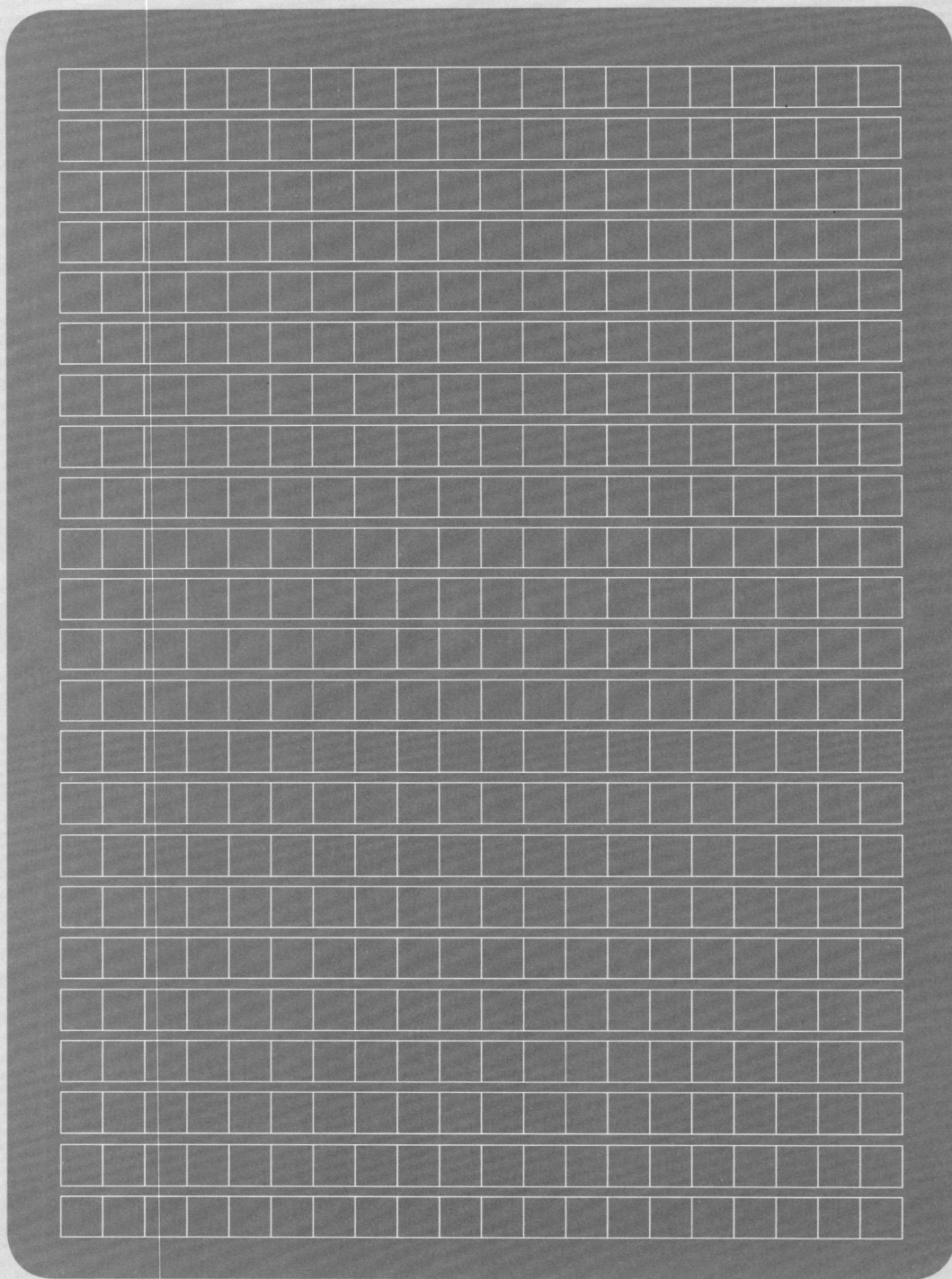

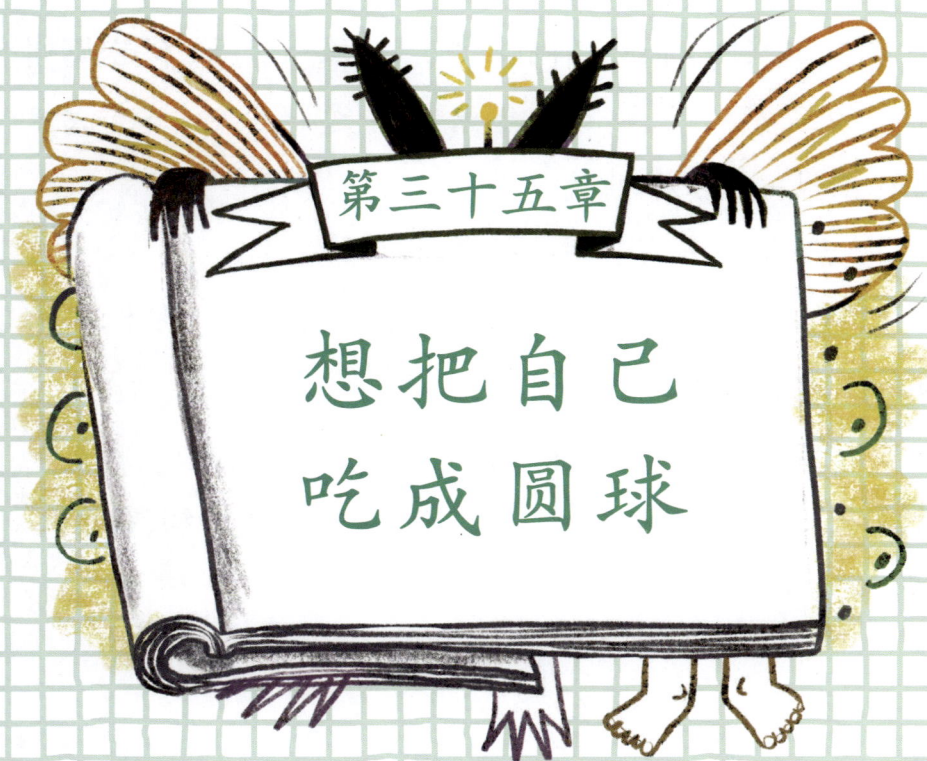

第三十五章

想把自己吃成圆球

空间转换法

左小文睡得迷迷糊糊的，忽然听到笨笨老师叫自己的名字。他急忙站起来，一边挠头，一边低声问戴星儿："老师叫我干吗？"

　　"让你上去写作文。"戴星儿说。

　　"啊？写……写什么作文？"左小文根本不知道笨笨老师讲的是什么。

　　话音未落，青芽精灵从桌洞里飞出来，变成一只绿头苍蝇，趴到左小文的右耳旁，细声细气地说："别怕，我帮你。"

左小文大喜，立刻迈开大步朝讲台走去。笨笨老师挑挑眉毛，随口讲道："时间推移法是写作文的常用方法之一，它可以帮助我们快速搭建起作文的框架。框架搭好了，我们再写作文，也就胸有成竹了。"

左小文点点头，踏上讲台，拿起一根粉笔，在黑板前摆出一副苦思冥想的样子。

笨笨老师接着说："用时间推移法来写作文，要注意三点。第一，切忌时间交代不清。如果作文的时间线不清不楚，全文的结构也会一片混乱。第二，切忌写成流水账。按照时间的顺序写作文，必须详略得当，不能把同一条时间线上的所有事物都写下来，要抓住重点。第三，切忌平铺直叙。用时间推移法写记叙文的时候，要想办法把事情写得波澜起伏，千万不能写成一潭死水……"

就在笨笨老师讲课的同时，左小文小声问青芽精灵："小青，你说我写什么？"

"你可以写一篇《家乡的四季》。"青芽精灵搓着手说。

"怎么写？"

"咳咳，如果让我帮你写，你必须答应我一个条件。"

"什么条件？快说。"

"不知道为什么，我突然有种强烈的冲动，想把自己吃成一个胖子。"

"哈，没问题。"左小文咧嘴一笑，"我还记得你上次变成胖子的样子，看着傻乎乎的好可爱，简直能笑死人……"

笨笨老师站在讲台旁，大声说："大家就别等左小文了，快拿起笔来，一起写作文吧！写完以后，大家互相比较一下，取长补短，共同提高。"

于是，同学们纷纷低下头去，提笔写起来。左小文也打起精神，在黑板上慢腾腾地写下"家乡的四季"五个歪歪扭扭的大字，然后侧着脑袋低声说："嘿，小青，你说我写。"

青芽精灵早就准备好了，立刻小声背诵起来。左小文一边听，一边在黑板上飞快地写，文不加点，简直如有神助：

家乡的四季

　　我的家乡在一条美丽的小河边，那里一年四季风景如画，美不胜收。

　　春天，一阵阵暖风吹过，把河面上的冰雪吹化了，把河边的草木吹绿了，也把燕子们从南方吹回来了。它们落在路旁的电线上，叽叽喳喳地唱起歌来，我知道，那一定是它们唱给春天的赞歌。

　　夏天艳阳高照，河边的槐树像一把把撑开的大伞，老人们都在树荫里乘凉，倾听着知了不知疲倦的叫声。我们却像是一群光溜溜的泥鳅，在河里游来游去，抓鱼，摸虾，打水仗，欢声笑语洒满了河面。

　　秋天是收获的季节，河岸上的玉米田里结满黄澄澄的穗子，大人们都忙碌起来，每一张脸上都挂着汗珠。我们放学以后，也经常去田里帮忙，傍晚回家的时候，每一辆拖拉机里都装满了玉米穗，当然，也装满了丰收的喜悦。

冬天，只要下过雪，河边就是一片耀眼的洁白。虽然寒风刺骨，但我们不在乎，经常在河面上滑冰。滑累了，坐在岸上休息时，我总能闻到一丝幽幽的香气。我知道，一定是村口的那株蜡梅开花了。那满树的梅花，就像一群忠诚的卫士，守卫着白雪皑皑的大地，守卫着我们如诗如画的家乡……

我的家乡，虽然只是一个小小的村庄，但它留下了我童年的美好时光。我爱我的家乡！

青芽精灵背完了，左小文也写完了，他转过头问："老师，您看我写得怎么样？"

笨笨老师一口气读完，微笑着称赞道："还不错，你按照四季的顺序来写家乡的美景，运用的正是时间推移法。看来，最近你进步挺大的……喂，你耳朵上有只大苍蝇！要不要我帮你把它拍死？"

左小文大吃一惊，急忙捂住自己的耳朵："不用！哪有什么苍蝇，您肯定是看花眼了。"

笨笨老师会心一笑，转过身去，让课代表把同学们的作文本都收起来。然后，他一边翻阅一边说："大家刚才写的时候，我就看到几位同学写得很不错。比如薛鹰羽同学写的《我的爷爷》，他用三个段落来写爷爷辛酸的童年时代、奋斗的青年时期和幸福的晚年时光，层次非常清晰。再比如罗美萝同学的《春游记》，写的是星期天春游的过程，她用时间推移法把路上的美景都串联起来了。好了，第一节课上完了，下节课我再给大家讲一种快速作文法。"

笨笨老师说完，刚走出教室，左小文就溜出门去，买来一大堆零食，放进桌洞里。青芽精灵高兴万分，一头扎进去，狼吞虎咽地吃起来。

一眨眼，几大包零食就被青芽精灵一扫而光。它如愿以偿地变成一个大胖子，在桌洞里蜷缩着，活像一只鼓鼓的气球玩具。

　　"吃饱的感觉可真好……咦，我好像想起什么来了。"青芽精灵瞪着两只大眼睛，望着左小文，突然大叫道，"主人，原来你是我的主人！"

　　"哈，是的！"左小文喜不自胜。

　　"主人，见到你真是太好了！"青芽精灵想拥抱一下左小文，可是它太胖了，在桌洞里被挤得扁

扁的，根本钻不出来。

"小青，你能想起来真是太好了！"左小文摸着青芽精灵的脸蛋，一脸欣慰地说。

上课铃声敲响了，笨笨老师又走上讲台，大声讲道："要在考场上快速写出一篇作文，还有第二种方法——空间转换法。所谓空间转换法，就是以空间位置的变化为线索，描写有关的人物、景物或事件。空间位置发生变化，相关的人物、景物或事件也会随之变换。比如，大家写游记的时候，就可以按照地点变化的顺序去描写路上看到的景物。在山脚下看到一个湖泊，在半山腰看到一个凉亭，然后在山顶看到了晚霞。"

罗美萝举手说："老师，我写的《春游记》既用了时间推移法，也用了空间转换法。"

"对，你那篇作文可以说是双管齐下。"笨笨老师笑眯眯地补充一句，"除此以外，我们在写人或记事的时候，也可以运用空间转换法。下面，我要请一位同学上来，用空间转换法写一篇记叙文。来，冯歌德！"

冯歌德非常高兴，站起来刚要上台，趴在桌洞里的黑豆精灵忽然飞出来，变成一只大大的臭虫跳到他的头发上，激动地说："主人，我帮你！"

"我不需要。"冯歌德低声道。

"相信我，你肯定需要。"

"我真的不需要。"

"不行，我偏要帮你！"黑豆精灵在他的头上蹦跳着，"因为我也想把自己吃成胖子！"

冯歌德很生气，他在自己头上一阵乱抓，把黑豆抓下来揉成一团，然后塞进文具盒里，又压上一本厚厚的字典。

"冯歌德，你干什么呢？"笨笨老师皱着眉头问。

"老师，一只臭虫跳到我头上了……"冯歌德尴尬地一笑，一溜烟儿跑上讲台，很快就在黑板上写下一篇例文：

一个苹果

今天早晨，我出门前，妈妈拿起桌上的一个苹果塞进我的书包里，笑眯眯地说："家里只剩下一个苹果了，你带着去学校吃吧。"

我来到学校，几次把苹果拿出来，却都舍不得吃，只是盯着它发呆。那是一个又大又红的苹果，上面还有几条浅浅的疤痕，看着就像一张可爱的笑脸。忽然，我想到了在学校附近的超市里工作的姐姐，她每天都很辛苦，一站就是八个小时，我应该把苹果拿给她吃。

于是，中午放学以后，我跑到那家超市，把苹果递到了姐姐面前。姐姐一边忙着收银，一边对我说："我不吃，你吃吧。"我说我也不吃，姐姐微微一笑："那就给爸爸吃吧，最近他每天都值夜班，太辛苦了。"

我爸爸是一名大夫，他上班的医院离超市不太远，我就跑去找他。可是，护士站的护士阿姨告诉我，我爸爸还在手术室里呢。没办法，我只能让护士阿姨把苹果带给我爸爸，然后跑回学校上课了。

下午放学，我刚回到家，就听见卧室里传来一阵响亮的呼噜声，不用说，肯定是值夜班回来的爸爸在补觉。我在客厅里坐下，打开书包，正准备写作业，却发现那个长着一张笑脸的苹果就在饭桌上放着，下面还压着一张纸。只见纸上写着："亲爱的，给你吃。"我知道，那是爸爸给妈妈的留言……

真有意思，家里的最后一个苹果绕了一大圈，居然又回到了桌子上。我猜你肯定想问，那个苹果最后被谁吃了？偷偷告诉你吧，它被我们一起吃掉了。

吃完晚饭以后，妈妈把苹果切成四块，我们一家四口每人吃了一块。那苹果香喷喷的，甜丝丝的，太好吃了！

笨笨老师读完作文，点着头说："可以看得出来，你把空间转换法运用得很熟练。故事发生在几个不同的空间里，从家里到学校，到超市，到医院，再回到家里，每次空间转换，人物和事件都随之变化。因此，你的作文结构非常清晰，一目了然。"

冯歌德走回了自己的座位上，一脸的得意扬扬。

"你们说，冯歌德的作文写得怎么样？"笨笨老师转头问大家。

　　左小文站起来，嬉皮笑脸地说："我觉得他写得一点也不好。"

　　"我哪里写得不好？"冯歌德忙问。

　　"首先，我认为你的作文是编的，因为你根本就不喜欢吃苹果。其次，我上次去你家玩的时候，你家里还有好几箱苹果呢，你有必要拿着一个苹果满街跑吗？"

　　"拜托，我写的是去年的事，当时真的就剩下一个苹果了。"

　　"反正我不喜欢你的作文，一看就是瞎编出来的。"左小文坏笑一声，"我相信，明眼人都看得出来，还是我的《家乡的四季》写得最好。"

　　冯歌德很生气，面红耳赤地站起来叫道："你……你的作文就不是瞎编的吗？你从小是在镇上长大的，你家门口有河吗？河边有玉米地吗？地里有拖拉机吗？简直胡扯一通！"

　　左小文朝讲台上一看，笨笨老师低着头，正在

80

翻阅讲义，一副对他们放任自流的样子。左小文缩缩脖子说："我写的是我外婆家，不行吗？"

"还装！"冯歌德面带冷笑，"那是你写的吗？那明明是青芽帮你写的。"

他话音刚落，周围的几名同学都好奇地抬起头来，吃惊地问："青芽？那是什么东西？"

空间转换法，就是以空间位置的变化为线索，描写相关人物、景物或事件的写作方法。

你或许会认为，空间转换法只适合于写作文，其实不然。文学史上的很多经典作品，在谋篇布局方面，也经常用到空间转换法。不信我们就一起来看一下！

渔夫和金鱼的故事

俄国诗人普希金创作的童话《渔夫和金鱼的故事》，是运用空间转换法的典范。

住在小泥棚里的老渔夫，在海边撒了三次网，网到了一条神奇的金鱼。金鱼哀求老渔夫把自己放回海里，并说可以给他贵重的报酬，他没有要报酬，就把金鱼放回了大海。后来，老渔夫回到小泥棚，却迎来老太婆的一通斥骂。老太婆让他去海边向金鱼要一只木盆。

接下来，老渔夫先后四次来到海边，又先后四次回到老太婆那里，每一次看到的景物和发生的事情都不一样。

第一次，老渔夫向金鱼要木盆，大海泛起了波纹；回到家，他发现老太婆有了一只新木盆，但她骂得更厉害了。第二次，他向金鱼要木头房子，海水变得浑浊起来；回到家，他看见老太婆坐在一栋木房子门口，但她仍然不满意。第三次，他请求金鱼把老太婆变成贵妇人，海水翻起了波涛；回到家，他发现老太婆真的成了世袭的贵妇人，可是不久，她又发起脾气来。第四次，他请求金鱼把老太婆变成海上的女霸王，却看见海上掀起了黑色的大风浪；回到家，他发现一切都消失了，老太婆仍然坐在小泥棚里，面前摆着那只破木盆。

全文只有两个地点和三个人物，但地点的每一次互换，都带来了不同的情节，并且步步推进，让老太婆攀上人生的巅峰，最后重重地坠落下来。在一次又一次空间转换的过程中，人性的贪婪被表现得淋漓尽致。

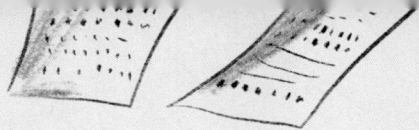

拇指姑娘

《拇指姑娘》是安徒生的经典童话。虽然全文长达八千多字，小读者读起来有点吃力，但只要用空间转换法分析一下，就会发现故事的脉络还是非常清晰的。

根据空间的变化，整篇童话可以分为十四个部分。

第一部分发生在巫婆家。一个女人去请教巫婆，因为她想要一个小小的孩子，巫婆就送给她一颗大麦粒。第二部分发生在女人家里。女人回家种下麦粒，很快便长出一朵郁金香，拇指姑娘就诞生在花蕊里。

第三部分发生在桌子上。桌子上有一个装满水的盘子，上面飘着一朵花，拇指姑娘经常坐在花瓣上，一边划船，一边唱歌。第四部分发生在花园里。一只蛤蟆跳进屋子，背起熟睡中的拇指姑娘，跳到了花园里。

第五部分发生在叶子上。蛤蟆想让拇指姑娘嫁给他的儿子，就把她放在小溪里的一片大叶子上，她没法逃走，只能伤心地大哭起来。第六部分发生在小溪里。好心的小鱼帮她咬断叶梗，大叶子便顺水漂到国外去了。

第七部分发生在树林中。一只金龟子看见了拇指姑娘，于是把她抓到树上去了，所有的金龟子都来围观，她非常害怕。第八部分发生在雏菊上。金龟子把她放到一朵雏菊上，不久冬天来了，她躲在一片枯叶里瑟瑟发抖。

第九部分发生在田鼠家。田鼠收留了拇指姑娘，还把她介绍给了鼹鼠。鼹鼠虽然看不清东西，但自从听了拇指姑娘的歌声，就爱上了她。第十部分发生在一条地道里。地道是鼹鼠挖的，拇指姑娘经常去里面玩。有一天，她在地道里救活了一只燕子，并细心地照料着他，直到冬去春来。

第十一部分发生在鼹鼠家门口。春天一到，燕子就飞走了，拇指姑娘很想他，却不得不嫁给鼹鼠。婚礼前，她站在门口，望着天空，心中充满不舍。第十二部分发生在天上。燕子忽然飞回来了，他带着她飞过高山大海，飞向远方。趴在燕子的背上，她感到非常安心。

第十三部分发生在温暖的国

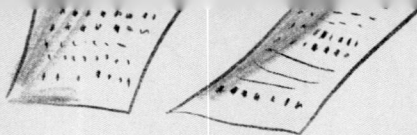

度。燕子带着拇指姑娘，来到自己的巢里，周围鸟语花香，美丽极了。第十四部分发生在一朵花上。燕子把她放在一朵最美丽的花上，她发现那朵花的正中央有一个小小的王子，两个人一见钟情，她很快就成了王后。爱慕着拇指姑娘的燕子，只能带着遗憾，飞回遥远的丹麦去了。

这样来看，整个故事的结构变得非常清楚。每一次空间转换，都会推动故事的发展，连拇指姑娘的情绪都会随之变化。我们简直要怀疑，安徒生在创作过程中，是不是还为拇指姑娘绘制了一份活动地图呢？

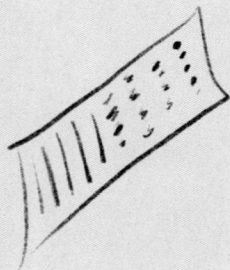

图书在版编目（ＣＩＰ）数据

高手训练营：上、下 / 毛小懋著 ；三羊绘. －－昆明 ：云南科技出版社，2020.9（2021.6 重印）
（作文精灵）
ISBN 978-7-5587-3016-0

Ⅰ．①高… Ⅱ．①毛… ②三… Ⅲ．①作文课－小学－教学参考资料 Ⅳ．①G624.243

中国版本图书馆CIP数据核字(2020)第178877号

作文精灵

ZUOWEN JINGLING

高手训练营：上、下

GAOSHOU XUNLIANYING：SHANG、XIA

毛小懋 著 三 羊 绘

出 品 人：杨旭恒
策　　划：李 非　戴 勇　王丽雅　魏小杉
责任编辑：李凌雁　杨志能
助理编辑：杨梦月
美术编辑：辰 茜
责任校对：张舒园
责任印制：蒋丽芬

书　　号：ISBN 978-7-5587-3016-0
印　　刷：北京宝丰印刷有限公司
开　　本：787mm×1092mm　1/16
印　　张：12.5
字　　数：200千
版　　次：2020年9月第1版
印　　次：2021年6月第2次印刷
定　　价：55.00元（上、下册）

出版发行：云南出版集团公司　云南科技出版社
地　　址：昆明市环城西路609号
电　　话：0871-64190973

大家齐心协力打败精灵王,回到了七星镇。在笨笨老师的课堂上,三只精灵的秘密被同学们发现了, 顿时, 教室里闹得鸡飞狗跳……

著者

毛小懋，儿童文学作家，儿童期刊执行主编。已出版《嘻哈别字岛》《时光男孩米小扬》《标点符号总动员》《最三国作文》等作品数十部，曾获桂冠童书奖。

绘者

三羊，本名彭洋，英国爱丁堡艺术学院动画硕士。出版儿童绘本《兵马俑的秘密》《我走进了名画里》，版权输出到英国、新加坡、菲律宾；为《自控力童话》《辫子姐姐成长123》《小诗词》等系列童书创作插图；出版绘本日记《宝贝，当你在妈妈肚子里》。

Composition
Fairies

作文精灵

高手训练营〈下〉

● 著 毛小懋
● 绘 三 羊

云南出版集团　YNK 云南科技出版社
·昆明·

主要出场角色

左小文

　　七星镇小学有名的调皮鬼，聪明机灵，但学习成绩一般，态度也不够积极。在写作方面，更是让老师头疼。后来，在青芽精灵的帮助下，他逐渐开窍，最终爱上写作文。

戴星儿

　　左小文的同桌，时而文静内敛，时而活泼开朗。她的写作水平在班里属于中等，作文中常有奇思妙想。认识紫月精灵后，她的写作水平飞快提升。

冯歌德

　　左小文的死党，知识渊博，是班里写作水平较高的几名同学之一。他的宠物黑豆精灵，不但没给他帮上什么忙，反而惹了不少麻烦。

青芽精灵

　　左小文的宠物，骑鲸而来，古灵精怪，有时胆大包天，有时胆小如鼠。因为偷窥过精灵岛上的秘籍，它掌握了大量作文技法。它的缺点是好为人师，而且讲话唠叨。

紫月精灵

　　戴星儿的宠物，从天而降，冰雪聪明，关键时刻总能奋不顾身。它和青芽精灵带着无数写作绝招，逃出精灵岛，来到七星镇。它讲起作文技巧，同样唠唠叨叨。

黑豆精灵

　　青芽精灵的伙伴，忠诚而憨厚，但经常惹是生非。它一直守候在精灵岛上，并在青芽和紫月陷入绝境时挺身而出。

精灵王

　　精灵岛的统治者，冷酷暴虐，令人望而生畏。因为青芽和紫月公然叛逃，它率领四大护法出海追捕。

精灵隐士

　　精灵王的同门师兄，被精灵王夺走王位后，隐居在无影城中。它一直关注着精灵岛上的一举一动，只要听到精灵们的召唤，它就会在月光中现身相救。

笨笨老师

　　七星镇小学的语文老师，精通作文技巧，讲课风趣，深受学生们的喜爱。他自称"笨笨老师"，其实大智若愚。据说，他与精灵王有千丝万缕的联系……

目录

第三十六章

文具盒里的精灵

总分结构法

冯歌德当着同学们的面，说左小文的作文是青芽帮他写的。左小文吓了一跳，低声说："嘘，冯歌德，你瞎说什么大实话？"

"青芽是什么东西呀？"坐在不远处的杜子腾和朱可戒听到了，对视一眼，纳闷地问，"是青菜豆芽吗？难道青菜豆芽还会写作文？"

冯歌德意识到自己失言了，急忙捂住自己的嘴巴，转头看看讲台上的笨笨老师。还好，他没听见，仍然站在那里整理讲义。

这时，下课铃响了。笨笨老师一边朝门口走去，一边说："世界上没有几个人能做到文不加点，落笔就是完美之作。所以，我们写完作文都要不断修改，精益求精。好了，下课吧！"

冯歌德松了一口气，刚坐下，杜子腾就一溜烟跑过来，拍着他的肩膀说："喂，歌德，青芽到底是什么呀？我们都挺好奇呢！"

"什么青芽？我不知道！"冯歌德把他推到一旁。

"不是你刚才说的吗？"杜子腾不甘心，又问旁边的左小文，"小文，他说你的作文是青芽帮你写的，到底是怎么回事？"

"唉，他瞎编你也信？"左小文嗤之以鼻。

话音刚落，冯歌德的字典下面突然响起一阵"嘭嘭嘭"的敲击声，紧接着，一个闷闷的声音传来："主人，快放我出去……"

杜子腾扭过头来，瞪大眼睛问冯歌德："什么声音？"

"没……没声音呀，我没听到。"冯歌德赶紧用手压住字典，硬着头皮说。

"有没有搞错？"杜子腾的眼珠都快瞪出来了，"声音是从那字典下面传出来的。咦，你的字典在动呀！下面藏着什么？"

"谁说的？没动！"冯歌德又搬起一摞书，放在字典上，然后使劲压住。

左小文走过来，帮腔道："冯歌德的字典确实没动，我也没听到什么声音。杜子腾，你肯定是听错了，也看错了。"

"笑话！我的眼神比猫还好，耳朵比狗还灵，绝对不会看错听错！"杜子腾大叫。

左小文撇撇嘴，转身问自己的同桌："戴星儿，你有没有听到？"

戴星儿强忍住笑，用力摇摇头。左小文挑挑眉毛，朝杜子腾摊摊手："瞧，大家都没有听到。你肯定是幻听了，快去找医生看看吧。"

杜子腾挠挠头，显然非常迷惑。

上课铃响起来了，同学们纷纷回到自己的座位上。左小文伸过头来，小声对冯歌德说："把黑豆放出来吧，不然它还会捣乱的。"

"不行。要是把它放出来，它肯定闹得更凶。"

左小文低头一想，就从桌洞里摸出一块巧克力，丢到冯歌德的桌上："给黑豆吃一块，安抚一下它吧。"

冯歌德看看四周，确定没人注意，于是把那摞书和字典挪开，然后小心地打开文具盒，把巧克力塞进去，低声说："吃吧，黑豆。"

黑豆精灵大喜，立刻抱起巧克力，美滋滋地啃起来。冯歌德关上文具盒，把字典和书本照原样压上去，终于放下心来，开始听课。

讲台上，笨笨老师正在讲第三种快速作文法，名叫总分结构法。

"所谓总分结构法，就是用总分式结构来谋篇布局的方法。总分结构主要有三种形式，谁能起来说一下？"笨笨老师问。

在精灵岛的时候，戴星儿曾经听精灵隐士讲过总分式结构，所以她毫不犹豫地举手道："**总分式结构，包括总分结构、分总结构、总分总结构三种基本形式。**具体来说，总分结构就是先总写，再分写。比如我们要写一个村庄，就可以先总写村庄的美丽风光，再分写村庄的街道、房屋、花草树木……"

"哎，你说的不就是我那篇文采飞扬的《家乡的四季》嘛！"左小文笑道。

"你那篇作文确实写得还行，但谈不上文采飞扬。"戴星儿抿嘴一笑，接着说，"而分总结构就是先分写，再总写。比如写春天，可以第一段写春风吹来了，第二段写冰雪融化了，第三段写柳树发芽了，第四段写燕子们飞来了，然后在结尾总写春天到了……"

"嘿，你说的不就是我那篇作文的第一段嘛！"左小文又叫起来。

戴星儿耸耸肩，继续讲："至于总分总结构，就是先总写，再分写，再总写。比如我们写一个村庄，就可以……"

"就可以先写村庄四季风景如画，再分写村庄的春夏秋冬，最后用一句话概括一下。"左小文抢着说，"那不还是我的《家乡的四季》嘛！"

戴星儿苦笑一声："你说得没错。你那篇作文确实既采用了时间推移法，也运用了总分结构法，两种方法都用得比较到位。"

"戴星儿同学讲得很好！"笨笨老师说，"可是，讲得好不如写得好。戴星儿，你也上来写一篇例文吧。当然，不能写成《家乡的四季》。"

桌洞里的紫月精灵听到了，立即飞到戴星儿的耳旁问："主人，需要我帮忙吗？"

"不用。不过，你最好陪着我。"戴星儿小声说，"有你在身旁，我总会觉得很安心。"

于是，紫月精灵变成一枚小小的发夹，夹在戴星儿的头发上，陪着她走上讲台。

"我想写的是咱们班赫赫有名的'三大活宝'。"戴星儿一本正经地说完，就拿起粉笔，在黑板上写起来：

我们班的"三大活宝"

我们班有三个"活宝",每一个的"英雄事迹"都能让人笑掉大牙。

第一个是左小文,我们叫他"捣蛋活宝"。对他来说,调皮捣蛋是家常便饭,让老师们头疼不已。有一次,左小文在桌洞里玩一个大葫芦,数学老师叫他的名字,他没听到。老师很生气,就问:"左小文,我叫你名字,你为什么不答应?"左小文拿着葫芦慢慢站起来,忽然把葫芦嘴对着老师大叫:"老师,我叫你名字,你敢答应吗?"全班立刻哄堂大笑。

第二个是杜子腾,他被我们称为"倒霉活宝",因为他每天像猴子一样到处翻墙爬树,隔三岔五就碰上倒霉事。几天前,杜子腾去果园里偷桃子,刚翻过墙头,里边猛地窜出一条大狗,吓得他直接跳下去,结果掉进粪坑里了。他瘸着腿回到家,他爸都认不出他了。据他的同桌朱可戒说，他身上的那股臭味，直到半个月以后才渐渐散去。

第三个就是朱可戒，人称"迷糊活宝"，因为他爱睡觉，不睡觉的时候也迷迷糊糊

的。一天早晨，朱可戒又迟到了，英语老师问他为什么迟到，他低着头小声说："老师，我梦见我很早就起床了……"老师不忍心罚他，就让他进来听课。想不到，他又趴在桌上睡着了。后来，老师领着大家读课文，朱可戒突然跳起来，搬起课桌就朝外跑，边跑边喊："伏地魔来啦！快跑啊！"顿时，全班同学都傻眼了。

怎么样？我们班的三个"活宝"很搞笑吧？因为有他们，班里每天都充满了欢声笑语。我很想对他们说一声：有你们在，真好！

戴星儿写完了，台下的同学们一边朗读，一边哈哈大笑。作为文中的主角，左小文自然十分得意，杜子腾却很恼火，而朱可戒还是一副迷迷糊糊的样子。

"不错，你采用的正是总分总结构。从全文来看，你描写人物还是比较传神的,咱们班的三个'活宝'被你写得活灵活现,非常难得!"笨笨老师点评完,又把其他同学写的作文收起来,简单地讲解一番,就宣布放学了。

　　冯歌德长吐一口气,正要收拾书包,忽然听见黑豆精灵在文具盒里尖叫起来:"主人!我又饿了,快放我出去吧!"

总分结构法，就是用总分式结构来谋篇布局的方法。而总分式结构，包括总分结构、分总结构、总分总结构三种基本形式。

下面，我们就欣赏一篇用总分式结构写成的文章，看看它还运用了哪些写作技巧。

作家们的猫

我们熟知的很多作家，都有养宠物的习惯。而在所有的宠物当中，最受作家们偏爱的，一定是猫。因为猫不但优雅乖巧，而且特立独行，更重要的是，它们身上似乎都有一种令人惊讶的灵性。

莫言：识途的老猫

作家莫言小时候生活在农村，他们家养过一只老猫。那老猫不太喜欢抓耗子，却经常抓邻居家的小鸡，还屡教不改。爸爸没办法，就把猫装进麻袋，扔进了一辆路过的拖拉机里。拖拉机把猫拉到三百多公里外的一个地方丢掉了。

想不到，半个多月后，一个下雨的晚上，那只老猫竟然拱开他家的大门回来了。它全身伤痕累累，爪子上沾满泥巴，尾巴只剩下半截了。三百多公里的漫漫长途，它是怎么找回来的呢？莫言忍不住想：或许它也有语言吧，一路打听着，终于回到了家。

季羡林：临终前的猫

学者季羡林也喜欢猫，他家里养了许多猫，其中有一只养了很久的老猫。一天傍晚，那只老猫似乎知道自己活不长了，不肯再进食，连水都不喝了。第二天，季羡林很早就醒来，下床一看，原本躺在水碗边的老猫不见了。

他急忙拿起手电筒，屋里屋外地找，哪里也找不到。后来，季羡林听人说，猫是一种自尊心很强的动物，当它快死的时候，它不想让别人看到自己脆弱的一面，就会挣扎着走出家门，找一个隐蔽的地方，默默地度过它生命中最后的时光。

马未都：装瘸的蓝猫

收藏家马未都也养过很多猫。一开始，他养的是只俄罗斯蓝猫，对它宠爱有加。一天，他又从朋友家抱回来两只小猫。很快，他突然发现，那只蓝猫的腿瘸了，每天用三条腿走路，而且日渐消瘦，似乎生了大病。马未都带它去看医生，但什么毛病也没查出来。

后来有一天，蓝猫去阳台休息，阳台墙边摆着一块卸下来的镜子，马未都坐在客厅里，刚好能通过镜子看见它。只见那蓝猫一瘸一拐地走过他身边，来到阳台上，突然一下子跳到椅子上了。马未都有些奇怪，于是探头去看。那只蓝猫知道自己的把戏被揭穿，就尴尬地跳下来，灰溜溜地走开了。从那以后，它的腿再也不瘸了，也很快胖起来了。

梁实秋：伟大的母猫

散文家梁实秋在北京居住的时候，有一只猫经常溜进他的书房，把书桌弄得乱七八糟。他很生气，便让厨师想办法抓住那只猫。厨师做了一个铁箍，逮住了那只猫，差点把它吊死了。梁实秋心中不忍，想放猫走，可是他怕猫再来捣乱，就用铁丝把一个罐头盒捆在它身上，猫一跑，罐头盒就会响。

没想到，当天晚上，那只猫拼命弄断铁丝，又钻进书房里了。梁实秋感到很奇怪，就去查看，他听到书架上有声音，踩着凳子一瞧，原来猫在给四只小猫喂奶呢。一刹那，他恍然大悟，感慨道："猫为了它的小猫，不顾一切地跑回来喂奶，伟大的母爱实在是无以复加！"

夏衍：守望主人的猫

剧作家夏衍，也爱猫成癖。六岁那年，他为了钓鱼喂猫，差点掉到水池里淹死了。长大以后，他每次参加宴会，都会想办法带一些好吃的回家，给猫解馋。临终前，他交代的三件事之一，就是要照顾好陪他度过晚年的小黄猫。

夏衍还养过一只名叫博博的猫。因为时局动荡，他曾经被迫离开家八年之久，回来后，发现家里已经面目全非。八年来，博博到处流浪，极少回来，夏衍刚到家，奄奄一息的博博却忽然来到他的脚旁，亲昵地蹭着他的腿。

可是第二天，博博就死了。原来，早就老病不堪的博博一直吊着一口气，要等主人回来。

第三十七章

杜子腾肚子疼

一字立骨法

听到叫声，同学们都围过来，好奇地问："是什么东西在叫？"

　　冯歌德大惊失色，急忙像护雏的老母鸡一样，把文具盒和压在上面的书一起搂在怀里，大声说："哪有什么声音？你们都听错了！"

杜子腾走过来，兴奋地说："你们也听到了？我上节课就听到了，他们也说我听错了，看来我上当了！我猜，他的文具盒里肯定装着不可告人的东西！"

"不可告人的东西？哈，快给我们瞧瞧！"同学们的好奇心一下被勾起来。

"别听他瞎说！"冯歌德大叫，"里边装的都是我的文具……"

"主人！"黑豆精灵显然等得不耐烦了，又在文具盒里喊起来，"你要是再不放我出去，可就别怪我不客气了！"

"咦？"朱可戒忍不住惊呼，"冯歌德，你的文具成精了？"

冯歌德急得抓耳挠腮，却一点办法也没有，只能偷偷向左小文求援。左小文苦笑一声，无奈地摊摊手，

一副爱莫能助的样子。

　　围观的人越来越多，大家传来传去，都说冯歌德的文具盒里藏着一个不可告人的妖精。冯歌德懒得再解释了，他死死地趴在那摞书上面，任凭大家推来拉去，就是一动不动。

　　"嗨，真没劲！"同学们甩甩手，纷纷走回自己的座位，准备收拾书包回家。

　　冯歌德擦擦满头的汗，刚要松一口气，文具盒里却突然传出一阵咆哮："可恶的主人，我要出来了！"

　　大家回头一看，被冯歌德搂在怀里的那摞书竟然像炮弹一样炸开了。一刹那，被轰碎的书页像无数的蝴蝶一样飞上半空，他的文具盒也断成几截，从里面蹦出来一只灰不溜秋的怪物。而冯歌德自己被轰得仰天摔倒，半天都爬不起来。

　　"哇！"所有人都惊呼起来。

　　"我的天，还真有妖怪！"杜子腾目瞪口呆。

　　"那不是妖怪吧？我觉得它像一只电动玩具……"女生敬一静还比较淡定。

　　戴星儿和左小文对视一眼，连忙冲过去，一个
扶起冯歌德，另一个踮起脚朝空中的黑豆精灵抓去：
"黑豆，快下来！"

　　可是黑豆精灵根本不听他们的话，它一边摇头
晃脑地飞来飞去，一边唱起歌来："一闪一闪亮晶晶，

满天都是小星星……天上的星星好多，我要抓一颗……哎呀！"它一不留神，脑门撞到天花板，瞬间鼓起一个大包。

"嘿，它还真像一只电动玩具。"杜子腾笑着说，"不过它的程序好像乱了，正抽疯呢。"

戴星儿低声问冯歌德："黑豆为什么是一副晕头转向的样子？你给他吃什么了？"

"巧克力呀，左小文买的。"

"左小文，你买的是什么巧克力？"

"好像是酒心巧克力吧。"

"难怪！"戴星儿恍然大悟，"看来黑豆是喝醉了，在撒酒疯呢。"

左小文笑嘻嘻地说："没想到一块酒心巧克力就让黑豆醉晕了。咳咳，那我们怎么办？找个捕虫网把黑豆给兜下来？"

冯歌德摇摇头："那恐怕不行。依我看，还是让青芽和紫月出马吧，它俩肯定有办法。"

"可是，我不想让大家见到紫月，我想守住我们的秘密……"戴星儿有些为难。

"没办法，黑豆已经暴露了，咱们想瞒也瞒不住了，还是先把黑豆救下来再说吧。"左小文说完，快步走到自己的桌子旁，俯下身去，对着桌洞嘀咕起来。

在他的劝说下，胖胖的青芽艰难地钻出桌洞，紫月也跟着钻出来，两个精灵扑扇着翅膀冲上半空，朝东碰西撞的黑豆飞去。

"哇哇！"同学们再次大叫起来，"居然有三个妖怪！"

"大家不要慌。"戴星儿站出来解释道，"它们不是妖怪，是精灵。"

"精灵不就是妖怪吗？"罗美萝瞪着大眼睛说，"不过，它们看起来好像不太凶，感觉还挺可爱的……"

戴星儿连连点头："你说对了！它们不咬人，因为它们是作文精灵。"

"作文精灵是什么精灵？"男生潘高峰凑过来问。

于是，戴星儿给同学们讲起了三个精灵的来历。大家一边听，一边啧啧称奇。

就在戴星儿讲故事的过程中，空中的青芽和紫月高声念起催眠咒，像没头苍蝇一样到处乱撞的黑豆终于安静下来。它闭上眼睛，像树叶一样慢慢飘落到冯歌德的手上。青芽和紫月也飞下来，分别趴在左小文和戴星儿的肩膀上，怯生生地望着大家。

"哈，太神奇了！"杜子腾盯着青芽精灵，搓着双手说，"我……我能摸摸它吗？"

"当然不行，小青是我的精灵，谁都不能碰！"左小文断然拒绝。

"上节课我还在纳闷，为什么你的作文水平突然提高了，原来你有一只作文精灵！"杜子腾羡慕极了，"你能不能带我去精灵岛？我也想找一只作文精灵当宠物。"

"不行，精灵岛不欢迎你！"

杜子腾有些生气："你要是不带我去，我就报告老师，说你的作文是精灵帮你写的！"

"你要是敢报告老师，我……我就让小青给你点颜色瞧瞧！"

"哈，我才不怕呢！"

左小文咬咬牙，转过头说："小青，把你的凶相露出来，看他怕不怕！"

青芽精灵点点头，一跃而起，向杜子腾猛扑去。随着一声刺耳的咆哮，它的嘴巴张成血盆大口，露出两排白森森的獠牙。

"我的妈呀！"杜子腾吓得后退几步，颤抖着声音说，"戴星儿刚才说了，精灵不咬人，所以我一点也不怕，嘿嘿……"

左小文哼哼鼻子："精灵确实不会咬你，但它可以抹掉你的记忆，你不怕吗？"

"不怕！"杜子腾一挺胸膛，"它真有本事就来抹！要是皱一下眉头，我就不姓杜！"

朱可戒一脸担忧地说："如果它真把你的记忆抹掉了，你确实就不能姓杜了，因为你连自己姓什么都忘了……"

"谁怕谁呀？放马过来吧，不，放精灵过来吧！"杜子腾一使劲，把肚子都挺起来了。

"嘿，你还真是不到黄河不死心，不见棺材不落泪。好，我就成全你！"左小文说完，凑到青芽精灵的耳旁叮嘱几句，接着把手一挥，"小青，给

他点颜色瞧瞧！”

青芽立刻飞身而起，冲向杜子腾。杜子腾倒抽一口凉气，赶紧捂住自己的脑袋。不料，青芽并没有攻击他的脑门，而是绕着脖子飞舞一圈，然后顺着胸膛滑向他的肚子。

"它要打你的肚子！"朱可戒提醒道。

"我知道！"杜子腾急忙去捂肚子。可是，青芽的速度太快了，它伸出手指在他的肚子上轻轻一弹，就转身飞走了。

"我的妈呀！"眨眼间，杜子腾已经捂着自己的肚子，开始满地打滚。

朱可戒在他的身旁蹲下来，关切地说："喂，你的记忆真被抹掉了？"

杜子腾没有回答，只顾扯着嗓子大喊大叫。

"老同桌，你还记得你姓什么吗？"朱可戒循循善诱地问。

"我……我肚……"杜子腾挣扎着说出两个字。

"没错，那你还记得你叫杜什么吗？"

"我肚子疼！"

28

"太好了，看来你没有失忆。"朱可戒慢慢站起来，低声咕哝道，"唉，看来我上次借他的那五块钱还得还……"

戴星儿实在看不下去了，就向青芽精灵求情。于是，青芽飞到杜子腾的肚子上，又伸出手指一弹，惨叫声立刻停止了。

"杜子腾，你现在还有什么话想说？"左小文抱着双臂问。

杜子腾一言不发，一骨碌爬起来，把书包提在手上，垂头丧气地走出门去。

左小文转身对大家说："好了，我真诚地希望，大家都能帮我们保守精灵的秘密。毕竟谁也不希望杜子腾的悲剧在自己身上重演，对不对？"说完，他狡黠地一笑。

很快，同学们就纷纷拿起书包，一哄而散。

三个人带着各自的精灵走在回家的路上，冯歌德担忧地说："你们说，万一有人管不住自己的嘴巴，把精灵的秘密到处传播，怎么办？"

左小文耸耸肩："还能怎么办？走一步看一步

吧。"

第二天一早，左小文赶到学校，刚坐下，笨笨老师就走进来了："今天，我接着给大家讲快速作文法。第一节课，我先讲一下第四招：一字立骨法。"

"一字立骨？哈，好奇怪的名字。"左小文低声对戴星儿说，"不知道的，还以为笨笨老师要烤肉呢。"

"所谓一字立骨法，就是整篇作文紧紧扣住一个字、一个词或一句话，把它作为焦点和线索来进行构思。换句话说，那一个字、一个词或一句话就像一位将军，足以统领全文。"笨笨老师慢悠悠地说，"比如写《童年趣事》，我们就要抓住那个'趣'字，让它纵贯全文，文中写的每一件事都必须有趣，否则就跑题了。"

同学们听了，不约而同地点起头来。

"老规矩，现在我要请一位同学上台来写一篇例文。"笨笨老师说着，随手一指，"来，敬一静！"

魔法练习册

　　一字立骨法，就是整篇作文紧紧扣住一个字、一个词或一句话，把它作为焦点和线索来进行构思。

　　请你也试试，运用一字立骨法写一篇作文，题材任选，字数不限。

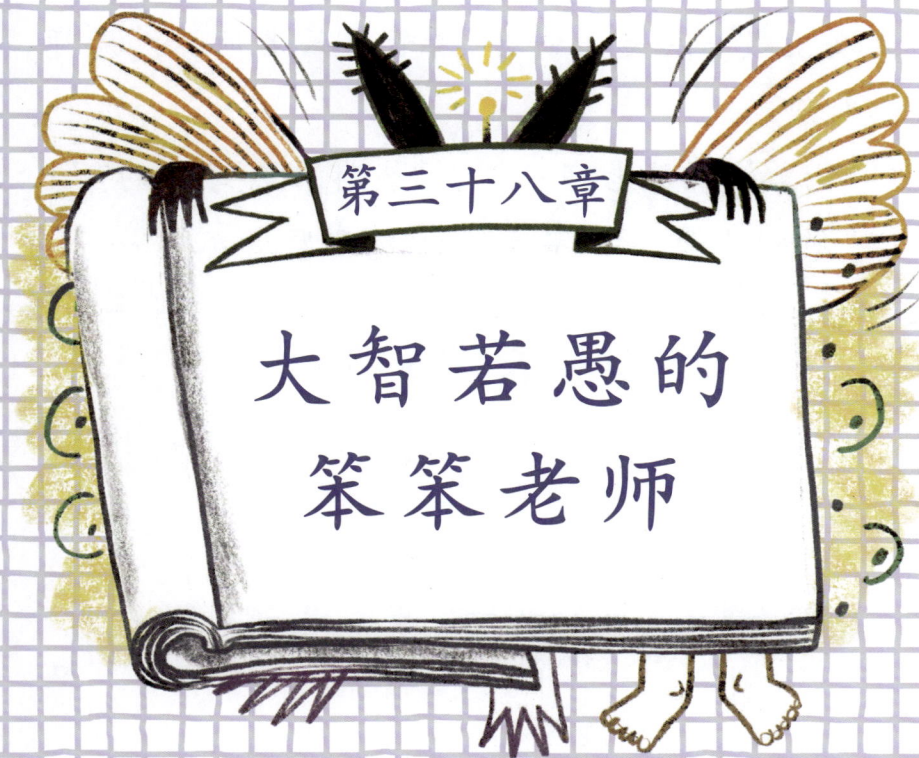

第三十八章

大智若愚的笨笨老师

对比烘托法

女生敬一静走上讲台,看着笨笨老师说:"老师,我想写您。"

"啊?"笨笨老师一愣,"我有什么好写的?"

"您刚才说,一字立骨法就是紧紧抓住一个字来构思,所以我想抓住您身上的'笨'字写一篇作文。"

敬一静一边思考着,一边在黑板上写起来:

我们的笨笨老师

在我们学校,提起徐老师的大名,可以说无人不知,无人不晓。他之所以出名,既不是因为长得帅,也不是因为本事大,而是因为他总是笨笨的。

给我们上课的时候,他就笨笨的。同学们向他请教问题,他总会一脸茫然地说:"啊?我也不知道,你们自己想想吧。如果想出来了,麻烦讲给我听听。"我们都很失望，心想：唉，也不知道谁才是老师……

平日里，他说起话来笨嘴拙舌的，做起事来也笨手笨脚的。他和别人讨论问题，别人问三句，他才慢吞吞地回答一句。批改同样的作业，别的老师一节课就能改完，他却总要改上大半天，有时候甚至改一个通宵。

我还听说，十几年来，他一直给一家全国知名的文学杂志投稿，但是一篇也没有发表过。换成别人，肯定早就放弃了，然而他就像一头笨头笨脑的老黄牛，至今仍然在稿纸上默默地耕耘着，一篇又一篇地写，一篇又一篇地投。很多人都说，他真是笨到家了。

可是有一天，我忽然产生了怀疑：我们的笨笨老师，真的很笨吗？

在课堂上，他让我们自己去想，或许是想培养我们独立思考的能力。他说话不多，或许是因为他很谨慎，不管做什么，都三思而后行。他批改作业慢，或许是因为他改得认真，绝不放过作业里的任何一个小错误。

他给杂志社投稿，屡投不中，却毫不气馁，依然坚持不懈地创作下去。要知道，女作家罗琳也是经历了无数次退稿，才出版了《哈利·波特》。其实，虽然笨笨老师的文章没被那家知名杂志选中刊登，但他的几百篇稿子已经在别的报纸上全面开花，可以说硕果累累。

望着笨笨老师笑眯眯的脸，忽然间，我懂了。曾国藩说过："天下之至拙，能胜天下之至巧。"很显然，我们的笨笨老师就是一个"至拙"的人。

"拙"到极点，就是心灵手巧；"笨"到极致，就是聪明绝顶。

笨笨老师一口气读完，激动地点评道："你的作文不但运用了一字立骨法，而且采用了欲扬先抑的手法，写得非常好！咳咳，真没想到，你还是老师的知音呢！"

敬一静微微一笑："老师，其实您一直都是我学习的榜样。"

笨笨老师笑着点点头，转身问全班同学："在大家眼中，老师是不是真的很笨呢？"

"笨！"大家异口同声地说，"不过笨得很可爱！"

"说真的，我从小就知道自己不是一个聪明的孩子，但我一直相信八个字：笨鸟先飞，勤能补拙。"笨笨老师语重心长地说，"所以，我每天都比别人起得早一点，睡得晚一点，学习用功一点，工作勤奋一点。时间长了，我取得的成绩自然就比别人多一点。对了，告诉大家一个好消息，就在半个月前，我收到了那家杂志社的用稿通知，我十五年前给自己定下的目标，马上就要实现了！"

"哇！"同学们都欢呼起来，"老师太棒了！"

"话说回来，其实在座的每一位同学，都比我小时候聪明。你们欠缺的，只是勤奋。"笨笨老师说，

"在此，我想把韩愈写的一句话送给大家，大家要牢记在心，并付诸行动：'书山有路勤为径，学海无涯苦作舟。'"

话音刚落，忽然从最后一排传来一阵笑声。笨笨老师一听就知道，是杜子腾在笑。他皱着眉头问："杜子腾，你笑什么？"

"老师，我还听说过另外一副对联：'书山有路，迷途知返；学海无涯，回头是岸。'"杜子腾刚说完，全班就哄堂大笑。

笨笨老师脸色一沉："什么乱七八糟的？杜子腾，把你写的作文拿上来给我瞧瞧。"

"我……我没写。"杜子腾吐吐舌头。

"我看你就是身在迷途，犹不知返。"笨笨老师说，"下节课我要讲第五种快速作文法，提前说好了，到时候我会请你上来写一篇例文。"

"啊？要是我写不出来怎么办？"

"那就不知道了。对了，我好久没见你爸了，改天应该请他来学校叙叙旧……"

杜子腾一听，脸都绿了。要知道，他天不怕地不怕，就怕老师让他叫家长。

下课铃响了。笨笨老师前脚刚走，杜子腾后脚就溜到左小文身边，心急火燎地说："小文，快帮帮我，我需要作文精灵！"

"杜子腾，你是不是肚子又痒痒了？"左小文笑道，"我早都说了，不可能！"

"你别误会，我不是找你要精灵，我只是想借你的精灵用一下。"

"借？精灵又不是铅笔，你以为想借就借？"

"我也是没办法呀！你知道，我爸是全镇有名的拳王，只要我惹麻烦，他就会火冒三丈，万一他拿我的屁股来练拳就糟了。"杜子腾抹着眼泪说。

"抱歉，这与我无关，反正精灵概不外借。"

"哎呀呀，大慈大悲救苦救难的左小文左老师，你就帮帮我吧！俗话说得好，救人一命胜造七级屠夫……"

"是'胜造七级浮屠'。"左小文冷笑一声，接着眼珠一转，"我要是帮你，有什么好处呢？"

"我请你吃大餐好不好？想吃什么随便点！"

杜子腾大手一挥。

"大餐就算了，你还是给青芽买一些零食吧，它特别爱吃。"

"没问题！"杜子腾握住左小文的双手，一阵乱摇，"左老师，你真好！你的大恩大德，我一辈子都不会忘的！我下辈子为你做牛做马，就算做鬼都不会放过你的……"

"好了，你不用说了。"左小文擦擦汗，低下头，和桌洞里的青芽精灵商量起来。

青芽听说有零食吃，自然满口答应。它变成一只瓢虫，飞到杜子腾的脑门上，对他说："等你上了讲台，我就会读取你的所思所想，然后转化成一篇作文，念给你听。"

"好极了！"杜子腾高兴得手舞足蹈，转身跑回自己的座位。

不久，笨笨老师踩着上课铃声走进教室，开始讲第五种快速作文法："第五招，叫对比烘托法。顾名思义，就是采用对比烘托的手法来创作。对比，是一种常用的写作手法。比如鲁迅先生在他的短篇小说《故乡》中，就把少年闰土和中年闰土进行对比，前者活泼可爱，后者却苍老麻木，那种强烈的反差，会给读者留下深刻的印象。"

同学们都低着脑袋，安静地做着笔记。杜子腾却伸长脖子，焦急地等待着。

"至于烘托手法，主要分为环境烘托和人物烘托两种。所谓环境烘托，通常是指借描写环境来烘托人物的心理活动。比如主人公考试考砸了，他默默地走在泥泞的路上，风在刮，雨在浇，可见他的心情有多糟糕。而人物烘托法，是指用次要人物的表现来烘托主要人物，使他的形象更加鲜明。比如一个名人出场，围观的粉丝都在尖叫，有的甚至在

哭泣，可见他的人气有多旺。"

笨笨老师讲完，望着大家说："下面，我要请一位同学上来写例文了。来，潘高峰！"

杜子腾一听就急了："老师，您不是说让我来写吗？"

"是吗？看来你还挺迫不及待的。"笨笨老师咧嘴一笑，"好，那就你来吧。"

杜子腾大喜，三步并作两步冲上讲台，抓起粉笔就洋洋洒洒地写开了：

我和他

我和他，是截然不同的两个人。

他长得又矮又壮，好似一只冬瓜；我长得又高又瘦，如同一根竹竿。同学们都说，他和我站在一起，就像一对说相声的。

他是个慢性子，说话慢悠悠的，走路慢腾腾的，比乌龟还慢；我是个急性子，说话口若悬河，走路大步流星，不管干什么都是又急又快，比兔子还快。

平时，我喜欢踢足球、打游戏、爬树上房、抓鱼摸虾，尤其喜欢去野外探险，是典型的"阳光少年"；而他喜欢睡懒觉、上网、听音乐、攒私房钱，不过他攒的钱都买零食吃了，可以说是标准的"月光少年"。

我和他性格不一样，所以总是玩不到一块儿去。每当我约他出去探险的时候，他都会说："真无聊，有那工夫我还不如睡一觉呢。"每当他放歌给我听的时候，我也会捂住耳朵说："太难听了，你听的怎么都是女生喜欢的歌呢？"

每当我考倒数第一的时候，一想到老爸的大巴掌，我心中就充满了不安，而他总会拍着我的肩膀安慰道："别怕，疼几天就好了。"每当他被高年级的坏小子欺负的时候，我也经常去替他报仇，只可惜，最后我总是战败而逃。

　　在学习上，我和他总是彼此影响，互相帮助，取长补短，共同进步。所以，在我们班的成绩榜上，我俩总是呈现出你追我赶的态势，今天我考倒数第一，明天他考倒数第一，互不相让，各领风骚。

　　我想，大家应该都猜到了。没错，他叫朱可戒，我叫杜子腾，我们是一辈子的好朋友。

精灵文摘

　　对比烘托法，就是采用对比烘托的手法来创作。对比是指把具有明显差异或矛盾的双方安排在一起，进行对照或比较；而烘托主要分为环境烘托和人物烘托两种。

　　读读下面的文字，说一说它们是如何运用对比烘托法的。

　　昔我往矣，杨柳依依；今我来思，雨雪霏霏。（《诗经》）

　　朱门酒肉臭，路有冻死骨。（杜甫《自京赴奉先县咏怀五百字》）

　　战士军前半死生，美人帐下犹歌舞。（高适《燕歌行》）

　　春种一粒粟，秋收万颗子。四海无闲田，农夫犹饿死。（李绅《悯农》）

　　赤日炎炎似火烧，野田禾稻半枯焦。农夫心内如汤煮，公子王孙把扇摇。（施耐庵《水浒传》）

　　河曲智叟笑而止之曰："甚矣，汝之不惠！以残年余力，曾不能毁山之一毛，其如土石何？"北山愚公长息曰："汝心之固，固不可彻，曾不若孀妻弱子。虽我之死，有子存焉；子又生孙，孙又生子；子又有子，子又有孙；子子孙孙无穷匮也，而山不加增，何苦而不平？"河曲智叟亡以应。（列子《愚公移山》）

释义：

　　河曲智叟讥笑愚公，想阻止他移山，说："你简直太愚蠢了！你如今年老体衰，连山上的一棵小草都拔不掉，又怎么搬得动泥土石头呢？"北山愚公长叹道："你的思想真顽固，顽固得没法开窍，连孤儿寡妇都比不上。即使我死了，还有儿子在；儿子又生孙子，孙子又生儿子；儿子又有儿子，儿子又有孙子；我的子子孙孙无穷无尽，山却不会增高加大，还怕挖不平它吗？"河曲智叟无话可答了。

少年闰土：

　　我于是日日盼望新年，新年到，闰土也就到了。好容易到了年末，有一日，母亲告诉我，闰土来了，我便飞跑的去看。他正在厨房里，紫色的圆脸，头戴一顶小毡帽，颈上套一个明晃晃的银项圈……他见人很怕羞，只是不怕我，没有旁人的时候，便和我说话，于是不到半日，我们便熟识了。

中年闰土：

一日是天气很冷的午后，我吃过午饭，坐着喝茶，觉得外面有人进来了，便回头去看。我看时，不由的非常出惊，慌忙站起身，迎着走去。

这来的便是闰土。虽然我一见便知道是闰土，但又不是我这记忆上的闰土了。他身材增加了一倍；先前的紫色的圆脸，已经变作灰黄，而且加上了很深的皱纹；眼睛也像他父亲一样，周围都肿得通红，这我知道，在海边种地的人，终日吹着海风，大抵是这样的。他头上是一顶破毡帽，身上只一件极薄的棉衣，浑身瑟索着；手里提着一个纸包和一支长烟管，那手也不是我所记得的红活圆实的手，却又粗又笨而且开裂，像是松树皮了。（鲁迅《故乡》）

往常一上课，教室里总响成一片：掀开再盖上课桌的声响，学生们捂住耳朵一起高声背诵课文的声音，以及老师的大戒尺敲在课桌上的响声，在街上都听得见。老师敲着课桌说："静一静！"

我本来打算趁着这纷乱的时候溜到我的座位上，谁知这天偏偏一片肃静，好似星期天的早晨。我从敞开的窗户瞧见，同学们都已经坐好，韩麦尔先生走来走去，腋下夹着那把可怕的铁戒尺。在一片肃静中，我不得不推开门走进教室，想想看，我该多么脸红，多么害怕！

嘿！还真没有料到，韩麦尔先生注视着我，并没有生气，而是非常和蔼地说："到你的座位上去吧，我的小弗郎士，我们就要开始上课了。"（［法］都德《最后一课》李玉民，袁俊生译）

渔夫的妻子桑娜坐在小屋的火炉旁补一张旧帆。屋外海风怒号，波涛拍岸，溅起一阵阵浪花……外面又黑又冷，海上暴风骤雨，但渔家小屋里却温暖而舒适。地扫得干干净净，炉子里的火还没熄灭，木架上的餐具闪闪发亮。在怒海的咆哮声中，床上睡着五个孩子，挂着帐子。渔夫一早驾着小船出海，还没回来。桑娜听着波涛的咆哮和狂风的呼号，感到心惊胆战。（［俄］托尔斯泰《穷人》，草婴译）

第三十九章

借你的精灵
玩一玩

众星捧月法

在青芽精灵的帮助下，杜子腾飞快地写完了作文。一开始，台下的同学们都在小声读，但到后来，所有人都忍不住哈哈大笑。

"杜子腾，你和朱可戒在成绩榜上的'冠军争夺战'，确实令大家印象深刻。"笨笨老师强忍住笑，认真地讲道，"不过话说回来，你的方法倒是可取，通篇运用对比烘托的手法。对比，就是把具有明显差异或矛盾的双方安排在一起，进行对照或比较。你和朱可戒是截然不同的两个人，放在一起互相比较，可以给读者留下鲜明的印象。"

"难怪说相声的都是一高一矮、一胖一瘦、一捧一逗呢！"左小文笑着说，"原来是为了对比烘托。有对比，才有反差，才能让观众记住。"

笨笨老师点点头，仍然望着杜子腾："我说杜子腾，作为班里的倒数第一，你这回写的作文，虽然主题一般，但技巧一流。是不是抄的？"

"老师，天地良心！我写的是我和朱可戒的故事，您说我能抄谁的？难道抄朱可戒的？他写作文比我还烂呢！"杜子腾振振有词。

笨笨老师面带一丝诡秘的微笑："是不是抄的，你心里应该比我清楚。咦，你脑门上的那只小瓢虫呢？"

"啊？什么小瓢虫？"杜子腾后退一步，把紧握的右手放在身后。幸亏他有先见之明，刚才趁老师不注意，已经把青芽精灵变成的瓢虫抓到手里了。

"你懂的。我就不揭破了，反正你好自为之。"笨笨老师挑挑眉毛，将讲义捧在手上，"好了，大家下课吧！"

笨笨老师刚走出教室，杜子腾就从讲台上冲下来，把那只瓢虫放到左小文的桌上，激动地叫道："小文，你的精灵可真是个宝贝呀！"

"嘿嘿，那当然！"左小文在瓢虫身上轻轻一弹，它就变回青芽精灵的模样，然后扭头钻进桌洞里去了，"杜子腾，你可要说话算话，别忘了给青芽买零食。"

"没问题！对了，我想问一下，包月多少钱？"

"包月？什么意思？"

"我准备把青芽包下来，就像充话费那样，先充一个月的。"杜子腾嘻嘻一笑，"当然，如果一个月太长的话，我也可以先包一周，你尽管开价。"

"你给我闪一边去！"左小文没好气地说，"不包！"

"就是！"朱可戒凑过来说，"杜子腾，你以为

是租房呢？我一看就知道，青芽是一个有强烈自尊心的精灵，所以，我们必须尊重它的选择。"

他一边说，一边掏出一个甜甜圈，塞到左小文的桌洞里："吃吧，青青小可爱。"

青芽精灵立刻伸出手，一把夺过去，美滋滋地

吃起来。

"可爱的小青青，等你吃完了，能不能也帮帮我？"朱可戒一脸讨好地问，"我也想写一篇好作文，让同学们对我刮目相看。"

"我就知道天下没有免费的午餐！"左小文哼哼鼻子，"等放学了，让青芽帮你吧。不过提前说好，下不为例！"

朱可戒刚走，潘高峰和薛鹰羽就围过来，抢着说："我们也想借你的精灵用一下，我们也可以给它买零食。"

"有没有搞错？"左小文挠挠头，"你们的作文不是写得挺好吗？"

"嘿嘿，我们觉得你的精灵比较好玩，想借来玩一玩。"薛鹰羽咧嘴一笑。

　　"我的精灵不是玩具！你们想玩，就去玩具商店买个恐龙吧，想怎么玩怎么玩。"

　　"不，你误会了。"潘高峰连忙解释，"其实，我们是想和你的精灵交流一下写作技巧，只有互相学习，才能共同提高。学海无涯嘛……"

　　"不好意思，不借！"左小文大叫。

　　突然，青芽精灵从桌洞里探出脑袋来，它嘴里塞满了甜甜圈，含混不清地说："咳咳，只要有好吃的，我都答应你们！"

　　左小文捂着自己的额头，一脸无奈地说："小青，你可真是个吃货呀！"

　　戴星儿撞撞他的肩膀，低声道："借青芽的人多了，作文精灵的秘密肯定就保不住了。到头来，说不定连老师和家长都知道了。"

　　"我知道。可是有什么办法呢？我总不能把青芽绑起来吧？"

　　"要不，我让紫月劝劝它？"

"好主意，紫月一定能……"

"亲爱的主人，"只见紫月精灵从桌洞里伸出头来，弱弱地说，"我也想吃零食……"

左小文和戴星儿面面相觑，哭笑不得。

这时，上课铃又敲响了。笨笨老师走上讲台，清清喉咙讲道："现在，我要给大家讲第六种常用的快速作文法——众星捧月法。所谓'众星捧月'，是一个巧妙的比喻。'众星'是指众多的写作素材，'月'是指作文的中心思想，而'众星捧月'的意思就是围绕着中心选择合适的素材，进而谋篇布局。潘高峰，你来给大家举一个例子吧。"

潘高峰站起来，不假思索地回答："如果我写《成功的秘诀》，我就会围绕着成功去寻找素材。我会选择司马迁、居里夫人、华罗庚成功的例子，然后总结全文，说成功的秘诀就是抓住机会，迎难而上，坚持到底，永不言败……"

戴星儿低声对左小文说："其实，咱们在精灵岛上看到的好几篇作文，运用的都是众星捧月的写法，比如精灵王写的《身边的爱》，还有作文秘籍

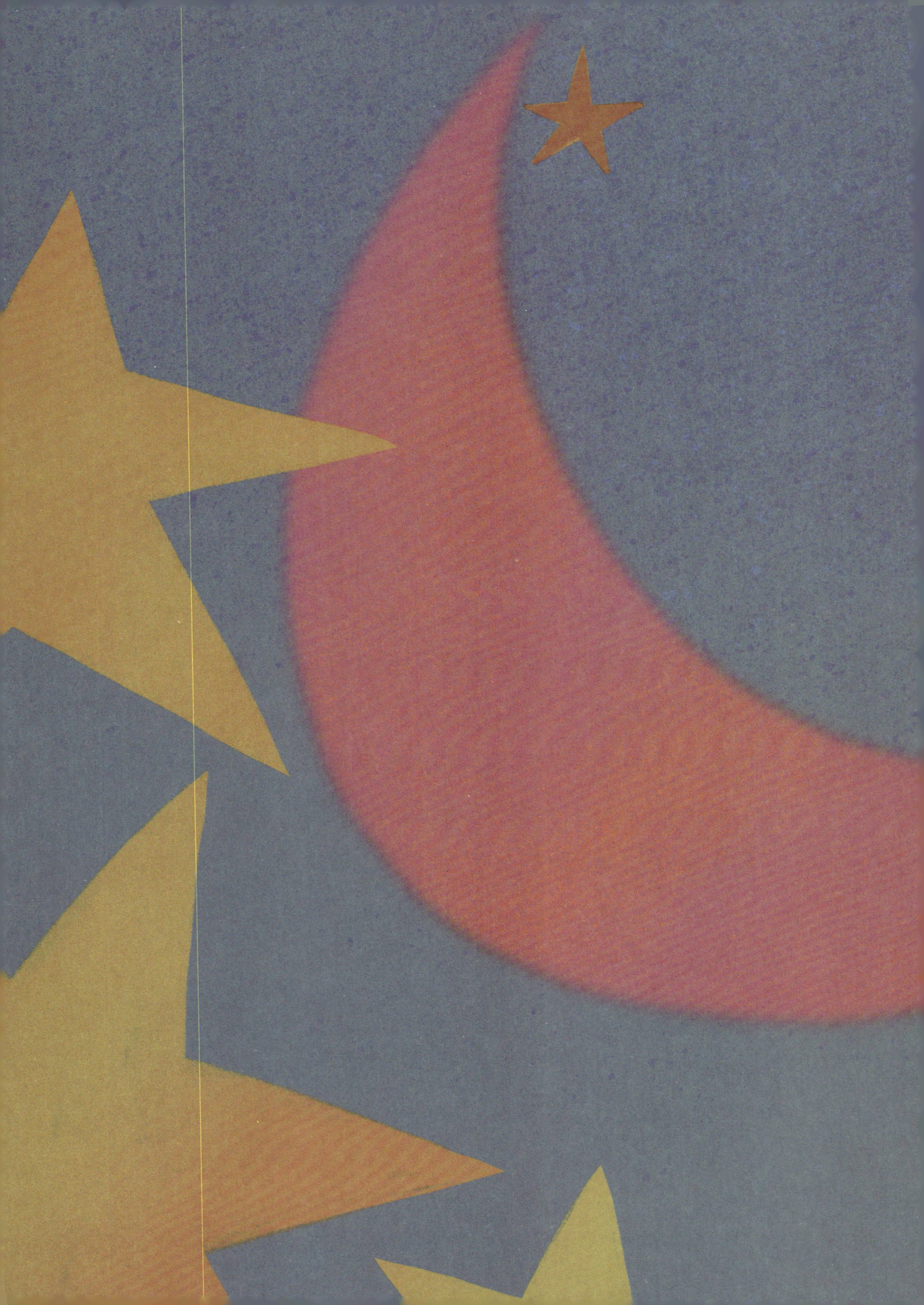

中记载的《论诚信》。"

"我知道。"左小文双手托腮，漫不经心地说。

讲台上的笨笨老师接着往下讲："采用众星捧月法，应当注意两点。第一，要选择最具代表性、最有说服力的例子。也就是说，要选出夜空中最亮的几颗'星'，只有最亮的'星'才捧得起'月亮'。第二，描写的过程中要抓住重点，详略得当。换句话说，最亮的'星'要详写，不太亮的'星'可以略写。"

左小文、戴星儿和冯歌德都领教过精灵王的详略大阵，对详略的问题自然不陌生。

"接下来，我还要请一位同学上来写一篇例文。"笨笨老师伸手一指，"来，柳逐阳。"

柳逐阳是全校闻名的武侠迷，平日里，他也像一位潇洒的侠客。只见他大步流星地走上讲台，稍作思索，便在黑板上慢慢地写起来：

真正的英雄

　　熟悉我的朋友都知道，我不但嗜书如命，而且心中有一个英雄梦。闲暇时，我喜欢翻开一卷卷古典名著，去字里行间寻觅英雄的踪迹。

　　古往今来，书里书外，可以说英雄无数，但在我眼中，真正的大英雄屈指可数。我翻遍名著，数来数去，也只数出三位。

　　第一位是《水浒传》中的武松。武松艺高胆大，他连喝十八碗烈酒，独闯景阳冈，赤手空拳打死一只吊睛白额的大虫。他情深义重，惊闻武大郎暴病而死，便四处打探，最终查明真相，为兄长报仇雪恨。他嫉恶如仇，看不惯蒋门神仗势欺人，就趁着酒兴将其痛打一顿，并帮自己的恩人施恩夺回快活林。

　　第二位是《三国演义》中的关羽。关

羽的事迹不胜枚举，像单刀赴会、刮骨疗伤、温酒斩华雄，每一件都家喻户晓。当然，最有名的还是千里走单骑、过五关斩六将。铁骨铮铮的他骑着赤兔马，提着青龙偃月刀，接连闯过五道雄关，把六员大将斩落马下，才回到自己的结拜兄长刘备身边。千百年来，关公已经成为忠肝义胆的代名词。

第三位是《西游记》中的孙悟空。孙悟空是从花果山上的仙石里蹦出来的，他师从菩提老祖，学得一身盖世神功，然后捣龙宫，闯地府，最后闹上天庭，玉皇大帝只能请来佛祖，把他压到五行山下。五百年后，他又护送着唐三藏去西天取经，一路上出生入死，历尽九九八十一难，终于取到真经，修成正果。孙悟空一生战天斗地，降妖除魔，无所畏惧，勇往直前，是老百姓心中永恒的战神。

所以，我认为，真正的英雄应该像武松一样嫉恶如仇，像关公一样忠肝义胆，像孙悟空一样战天斗地。那么，在你的心目中，谁才是真正的英雄呢？

"写得不错，你采用的正是众星捧月法，你用三颗'巨星'捧起了心中的'英雄梦'。"笨笨老师说，"不过，我不太认同你的英雄观。我认为，并不是只有像武松、关公、孙悟空那样的才是英雄。比如，勇救落水儿童的人是英雄，给贫困山区捐款的人也是英雄，独自抚养三个孩子长大的老母亲更是英雄。"

"老师，您说的都是小英雄，我写的却是大英雄。"柳逐阳争辩道。

"不，英雄是不分大小的。在我看来，每一个奉献爱心的人、与苦难搏斗的人、为他人挺身而出的人，都是英雄……"

在两个人关于英雄的讨论声中，下课铃响了。

笨笨老师拍拍手:"好了,今天的作文课上完了。大家回去以后，要多温习，多练笔，多向作文写得好的人请教。"

"老师,我认识的人当中,作文写得好的没几个，怎么办?"左小文笑着问。

"不一定非要向人类请教嘛。"

"啊? 不向人类请教，那向什么请教?"左小文装糊涂，"难道别的动物也会写作文?"

"当然。"笨笨老师神秘地一笑，"比如说，精灵。"

魔法练习册

　　众星捧月法，就是围绕着中心思想选择合适的素材，进而谋篇布局的一种写作手法。

　　这里有一道半命题作文。请先把题目补充完整，然后运用众星捧月法，说一说你的创作思路，最好能把它写下来，形成一篇完整的作文。

　　请以"_____ 不需要理由"为题，写一篇不少于 500 字的作文。

第四十章

作文高手训练营

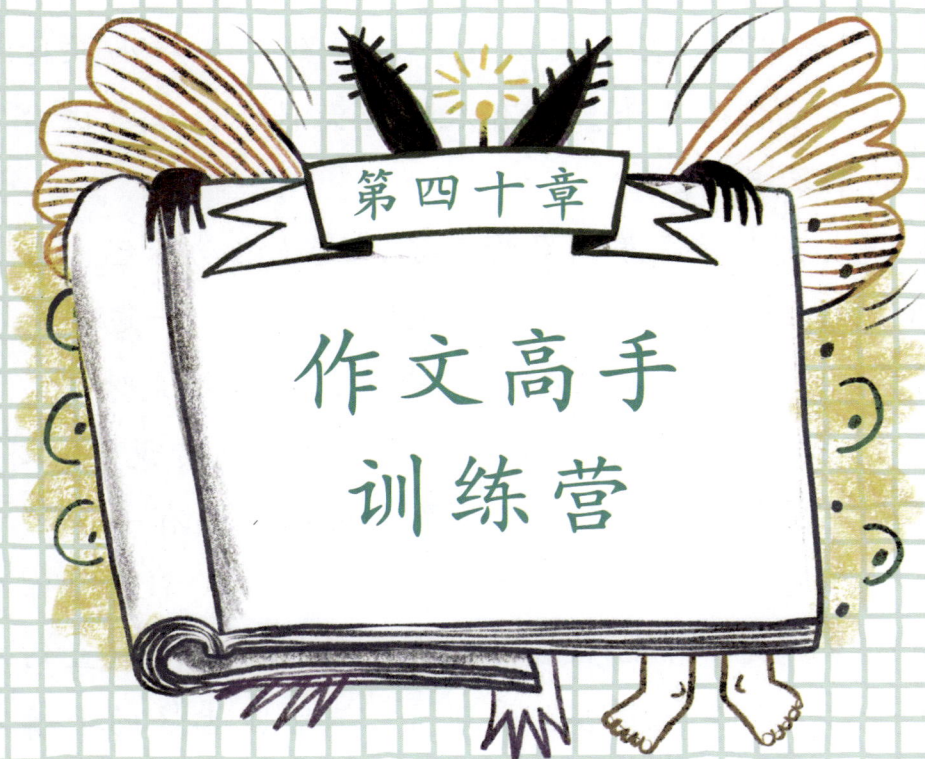

怎样写出好作文

"精灵?"左小文大吃一惊,戴星儿和冯歌德也诧异地抬起头来。所有人都瞪大眼睛,望着讲台上的笨笨老师。

　　桌洞里的青芽精灵听到了,更是激动不已,在那里动来动去。左小文连忙把手伸进去,一边安抚着它,一边小心翼翼地问:"老师,什么精灵呀?"

　　"我小时候,曾经听到过一个古老的传说。"笨笨老师慢悠悠地讲道,"说是在大海里,有一个神秘的作文精灵王国,王国里的每一个精灵都精通作文技巧。我一开始不信,以为是骗人的把戏,直到有一天,我在放学路上碰到了一只古里古怪的小精灵。我记得,它好像比仓鼠大不了多少,浑身黑漆漆的,脾气还非常暴躁……"

　　"哇!"同学们齐声惊呼,纷纷转头望向冯歌德。不用说,大家肯定以为笨笨老师遇到的是冯歌德的黑豆精灵。

　　"那只精灵说话阴阳怪气的,还戴着面具,我都不知道它究竟长什么样子。"

　　"哇!"现在惊呼的是左小文和戴星儿。两个人对视一眼，低声说："难道笨笨老师当年碰到的是精灵王？"

"我和那只精灵一起度过了一个不太愉快的下午，它把我最爱吃的一根烤鱿鱼抢走了，还给我惹了很多麻烦。"笨笨老师说着，轻轻地叹息一声，"后来，天快黑了，它就拍拍翅膀飞走了。临走前，它说一定会再回来找我，可是二十多年过去了，我再也没有见过它。"

冯歌德凑到左小文的身边说："没想到，笨笨老师居然认识精灵王。在精灵岛的时候，精灵王已经被精灵隐士打败了，你说它会不会跑来找笨笨老师呢？"

"有可能。"左小文不禁担忧起来。

笨笨老师接着往下讲："说真的，我还挺想它的。有时候我觉得，其实，作文精灵就像我们的创作灵感，只要你准备好了，它随时都有可能来敲你的门……"

"如果灵感来敲门，一定要赶紧开门。"冯歌德接过话头，"因为灵感都是稍纵即逝的，不把它抓住，它肯定就像精灵王一样转身飞走了。"

"你说得很对……咦，什么精灵王？"笨笨老师眉头一皱。

"啊？"冯歌德一缩脖子，"我说的就是精灵呀！"

笨笨老师点点头，笑眯眯地说："话说回来，如果你们有幸碰到一只作文精灵，一定要善待它，并替我向它表示诚挚的慰问。咳咳，我讲完了，大家放学吧！"

说完，他拿起讲义，大踏步走出门去。

眨眼间，男生们就像潮水一样涌到左小文面前，争先恐后地说："左小文，把你的青芽精灵拿出来吧，我们要慰问一下它！"

几名女生也跑过来，围在戴星儿身边，想看看她的紫月精灵。

围观的同学越来越多，教室里乱成一锅粥。青芽和紫月吓得在桌洞里缩成一团，都不敢露面了。至于黑豆，它还在冯歌德的桌洞里呼呼大睡，叫都叫不醒。

"各位同学！"戴星儿站起来，大声问，"你们想见作文精灵，到底是看热闹呢，还是想学作文知识？"

大家当然不肯承认自己是想看热闹，于是乱纷纷地说："想学作文知识！"

"既然你们都想学知识，那就不能像看耍猴一样嘻嘻哈哈的。我想了一个好主意，咱们可以找一个安静的地方，让青芽和紫月给大家讲作文，那样肯定效果最好……"

"呃，那不就变成作文补习班了？"潘高峰挠挠头。

"没错，我连名字都想好了。"戴星儿笑着说，"就叫'作文精灵补习班'。"

同学们忽然安静下来，杜子腾撇撇嘴，一脸无奈地嘟囔："一听到'补习班'三个字，我突然没兴趣了。"

"我也是。"敬一静小声说，"我每周要上六个辅导班，总是上得头晕眼花……"

"嘻嘻，作文精灵办的补习班跟别的能一样

吗？"左小文说，"最起码，别的补习班的老师肯定没法变成一只蝴蝶或萤火虫，飞来飞去给你们讲课。我觉得应该叫'高手训练营'！"

罗美萝高兴地说："对呀！顺便问一下，参加你们的训练营要交学费吗？"

"当然要交！"朱可戒抢答道，"不过学费很便宜——只要给精灵们带点零食就行了。"

"那么，我们去哪里上课？"薛鹰羽问，"我可不想在教室里。"

"我觉得，咱们可以每天晚上去七星广场上课！"朱可戒继续抢答。

"不行不行，七星广场上人太多了。"左小文摆摆手，"一到晚上，那里到处都是吃完饭溜达的大爷大妈……"

"七星广场旁边有一个落星潭，潭边有一个星星草公园，那里一个人也没有。"

"那个公园晚上锁着门，外人进不去。"

"外人确实进不去，但我不是外人。"

左小文一愣："你不是外人，难道是内人？"

朱可戒得意地一笑："我爸在那个公园里看门，所以我能拿到钥匙。"

"太好了！"同学们高兴地叫起来，"朱可戒，真有你的！"

很快，大家就约好，晚上八点半在星星草公园碰面，青芽和紫月两位精灵会准时开讲。

吃过晚饭，当左小文带着青芽赶到公园的时候，同学们都已经到齐了。落星潭畔有一座大大的凉亭，中间的石桌上堆满了各式各样的零食。朱可戒坐在一个石凳上，正唾沫横飞地讲述着一个古老的传说。

朱可戒一上课就迷迷糊糊的，不上课的时候却总是生龙活虎，一点也不迷糊。

"你们知道咱们的镇子为什么叫七星镇吗？听我老爸说，相传上古时期，有七颗星星从天上落下来，在咱们镇上砸出七个大坑，时间一长，就变成了七个深潭。"他一边说，一边朝星光熠熠的潭水一指，"喏，落星潭就是其中的一个。"

"郊外的那个摘星潭也是吧？"左小文坐下来

问道。

"没错，摘星潭是最大的一个潭。据说，有一位飞行员从空中望下来，发现咱们镇上的七个潭就像北斗七星，而且每个潭都闪闪发光，壮观极了……"

大家听了，无不啧啧称奇。

杜子腾看见青芽精灵蹲在左小文的肩膀上，就伸手挠挠它头上的那枚嫩芽，坏笑着说："小青，来，给我们变个戏法。"

"什么戏法？不会变。"青芽正在啃一根棒棒糖。

"随便变一个就行，比如变成一只屎壳郎给我们瞧瞧……"

"杜子腾，你能不能严肃一点？"戴星儿走过来，一本正经地说，"青芽精灵要给我们讲课，它就是我们的辅导老师。你让你的老师变成一只屎壳郎，你觉得合适吗？"

杜子腾朝青芽吐吐舌头，嬉皮笑脸地说："哎呀，不好意思，小青老师。"

青芽从左小文的肩膀上跳下来，落在石桌上。

左小文清清喉咙，郑重其事地说："现在我宣布，'作文高手训练营'正式开业……"

"开业？应该是开课吧？"冯歌德说。

"对！我们要举行开课典礼。"左小文说着，看向青芽和紫月，"下面，有请我们的金牌讲师青芽老师和紫月老师致开场词！"

顿时，所有的目光都投向了石桌上的两个精灵。

只见青芽张大嘴巴，一副瞠目结舌的样子。原来，刚才它跳下来的时候，不小心被那根棒棒糖噎住，话都讲不出来了。紫月正在吃一只草莓蛋糕，它抹抹嘴角的奶油，模仿大人的样子把手一挥，大声说："各位来宾，我代表精灵王国全体同人，预祝大会圆满成功！"

"您再讲几句吧，紫月老师。"戴星儿热情地说。

"没了。"紫月耸耸肩膀，抱起双臂说，"下面就是答记者问的环节了。你们在创作上有什么疑问，都提出来吧。我们作文精灵，必定知无不言，言无不尽。"

"我们的问题其实就一个。"杜子腾和朱可戒齐声说，"怎样才能写出好的作文？"

　　紫月搔搔头，若有所思地说："事实上，每个人的写作经验是不同的。不过，我们经过总结发现，世上那些功成名就的大作家，他们能够写出好文章，都得益于三点。第一点，就是广泛的阅读。阅读既能开阔你们的视野，也能让你们积累大量的字词句，进而提升自己的写作水平。你们可以准备一个摘记本，在阅读的过程中遇到好词好句就记录下来，慢慢地，你们掌握的词汇量就会越来越丰富。"

　　"我就有很多摘记本，而且每天都会随身带一个。"戴星儿从衣兜里拿出一个小本子，大家打开一看，上面果然写满了密密麻麻的字。

　　紫月轻轻一拍青芽的后背："小青，你来讲第二点吧。"

　　青芽点点头，它还是说不出话来，于是伸手一碰头顶上的那枚嫩芽。很快，嫩芽就吐出一道绿光，在空中拼出几行文字："第二点，用心观察生活，积累写作素材。也就是说，要不断地体验生活，注意观察身边的一切，积累你们的亲身经历与感受。"

"没错，处处留心皆素材！"冯歌德一拍大腿。

就在此时，已经昏睡两天一夜的黑豆苏醒了。它爬出冯歌德的裤兜，揉着惺忪的睡眼，呆呆地望着大家。

紫月立刻飞到它身旁，趴在它耳边嘱咐几句，它就摇头晃脑地讲起来："第三点，要勤练笔。练笔的方式很多，比如写日记、写周记、写信、写读后感，都行。总之，就是多写。要知道，几乎每一位作家都是长年累月地写出来的。"

戴星儿说："我从前年开始，就每天坚持写一篇日记，一直都没有中断。"

"唉，听起来真麻烦！"杜子腾抱怨道，"我还以为你们有什么独门秘诀呢，原来还是要写写写，不停地写……"

"拜托，写作是没有捷径的。"柳逐阳说，"就像武侠小说中的郭靖练功，只有心无旁骛地练上十几年，才能成为绝世高手。"

"换句话说，只要做到精灵老师们说的三点，我们每个人都能成为作文高手！"左小文笑着拍拍手，"现在我宣布，开课典礼结束，我们正式上课！"

就在溶溶的月光中，紫月精灵开始给同学们讲课了。大家都听得很认真，左小文却有些心不在焉，他无意中转过头，向潭面望去。

恍惚间，他看见七颗闪亮的星星从夜空中划过，掉进了波光粼粼的落星潭。

作家秘籍

　　写作是一件美妙的事，但是要写出精彩的作品，并不容易。因为从积累素材，到构思，到创作，再到修改，每一步都要求你在发挥创造力的同时，还必须有持之以恒的毅力。

　　下面的作家小故事，或许会对你有所启发。

积累

　　法国作家儒勒·凡尔纳被誉为"科幻小说之父"。他一生创作过一百多部小说，每一部都深受孩子们的喜爱。

　　有一次，一名记者去采访凡尔纳，想弄清楚他的创作素材到底是从哪里来的，凡尔纳就把他带进了自己的工作室。只见房间里摆着一个很大的柜子，里面分门别类地放满了卡片，每一张卡片上都密密麻麻地写着从书报上摘录下来的各类科技资料。记者粗略一算，柜子里有两万多张卡片，就算每天收集十张，也至少要六年的时间才能完成。

　　凡尔纳创造出的科幻世界，原来就是由一张张积累素材的卡片搭建起来的。

　　无独有偶，我国著名作家姚雪垠，在创作长篇小说《李自成》的过程中，也查阅了大量资料，并用蝇头小楷记录在一些卡片上。单是摘录明末清初的政治、经济、军事、文化等各方面资料的卡片就有两万张，简直像一部小型的史书。

构思

　　英国浪漫主义诗人雪莱是公认的文学天才。他认为，对创作来说，构思的重要性是毋庸置疑的。他曾经说过："虽然我写作只花了六个月的工夫，构思的过程却长达数年之久。"

　　法国大作家巴尔扎克，在正式创作前，同样非常重视构思。有一次，他为了给主人公取一个贴切的名字，琢磨了大半年，但始终没有结果。最后，他走遍巴黎的大街小巷，终于在路边一家裁缝铺的招牌上看到了一个叫"马卡"的姓氏。

巴尔扎克高兴万分，因为他要描写的是一个最终死于贫困的可怜人，"马卡"恰巧带有一种不祥的寓意。回家以后，他立刻开始写，很快就把小说写完了。

诗人马雅可夫斯基在创作长诗《穿裤子的云》的时候，为了写出一个关键的句子，苦思冥想两天两夜，却一无所获。第三天晚上，睡到半夜，一个新奇的点子忽然冒了出来。他欣喜若狂，立刻跳下床，在一片漆黑中划亮火柴，把句子记在了火柴盒上。

创作

世界各国的大作家，在创作时都有一些独特的习惯。

比如，美国著名作家马克·吐温只有在非常安静的环境中才能写出好作品，所以他经常带足干粮和水，然后驾着小船去大海上写作。俄国的托尔斯泰却恰恰相反，不管是在吵闹的酒馆里，还是在炮火连天的战场上，都能专心创作。

法国作家罗曼·罗兰创作时，喜欢在桌上放一面镜子，随时观察自己的面部表情，借此来刻画作品中的人物形象。而美国的海明威喜欢站着写作，而且是用一只脚站着，因为那样能让他始终处于一种紧张状态，迫使他尽可能简洁地写完整部作品。

巴尔扎克只要进入写作的状态，就会时而大笑，时而痛哭。他甚至经常与作品中的人物对话，有时候还会和人物吵起来。

而中国作家路遥创作《平凡的世界》时，也是又哭又笑，疯疯癫癫。田晓霞是他书中的女主角，也是他最钟爱的人物，可是写到后来，他差点崩溃了，只能打电话给远在外地的弟弟王天乐。王天乐急忙赶回去，就在打开门的一瞬间，他看见路遥流着泪，失魂落魄地说："田晓霞死了！"

不用说，几乎每一位大作家的创作过程都是艰辛的。比如法国作家福楼拜，在二十多年的时间里，他夜以继日地在书房中写作。因为他每写一段话都字斟句酌，所以一个星期只能写出两三页，要写完一本书，差不多得花五年的时间。

福楼拜的书房在塞纳河边，二十多年的每一个夜晚，他的窗口都灯火通明，甚至成了河上的船长们夜航的"灯塔"。他们的一句口头禅是："以福楼拜先生的窗口为目标！"

修改

海明威喜欢用铅笔写作，因为修改方便。他说，他写得最顺手的时候，一天曾经用掉了七支铅笔。

他创作任何一部作品，都坚持自己的简练的风格，就是说，能用一个字描述的决不用两个字。每天开始写作前，他都会先把前一天写的读一遍，再仔细地改一遍。全书写完了，他再从头到尾改一遍。全部誉清后，他还要改一遍。最后清样出来了，他再修改一遍。他认为，只有经过四轮修改，才能改出一本好书。海明威的长篇小说《永别了，武器》初稿写了六个月，修改又花了五个月，据说单是最后一页就改了三十多次。

很多中国作家，也在修改作品方面下过不少功夫。比如老舍写剧本《春华秋实》，曾经从头到尾重写过十次，留下的手稿多达五十万字。杨朔的散文《雪浪花》虽然只有三千字，但在发表前，他反复修改，最终改了二百多处。钱锺书的长篇小说《围城》也修改过多次，内容的变动多达上千处。

说到底，关于写作的秘诀，其实俄国作家契诃夫用一句话就概括出来了："你得多写，尽量多写，要是你现在还写不好，不要紧，以后你一定会越写越好的……"

★ 后记 ★

毛小懋

作为一名从业十几年的老编辑和创作过不少语文知识类童话的作家，我经常和一线的语文老师们讨论作文问题。有意思的是，我不止一次听他们说过一句令人困惑的话："其实，好作文不是教出来的。"

不是教出来的，难道是天生的吗？就像大诗人陆游说的，文章本天成？难道只有靠过人的天赋，才能写出好作文？

当然不是。真正靠天赋写作的，往往只是极少数。换句话说，绝大多数同学在写作上的差距，并不是由天赋造成的。

你可能会抢着说："我知道！大部分人拼的不是天赋，而是勤奋。因为老师说过，天才出自勤奋，成功源于汗水。"

说得没错，但还不是最终的答案。

我们还可以继续追问：那些在写作上领先的同学为什么勤奋呢？是因为他们更懂事吗？还是因为他们有超凡的毅力？

我觉得都不是，是因为有一种东西在引领着他们。那就像黑暗中的一盏糖果灯笼，既能照亮前方的路，还能让他们边走边吃，并且永远吃不完。

我想你应该猜到了。是的，就是兴趣。

一般来说，提升写作水平是没有捷径的，那需要大量的阅读和写作。阅读和写作就如同一场漫长的接力赛，如果没有兴趣的指引，很多同学可能是坚持不到终点的。

大科学家爱因斯坦说过，兴趣是最好的老师。大教育家孔子也说过，知之者不如好之者，好之者不如乐之者。

那么，怎样才能培养写作的兴趣，让同学们从学习中得到快乐呢？

方法当然有很多，而其中一个方法，此刻就摆在你面前。

不用说，在我创作的这一套《作文精灵》中，有许多非常实用的作文技巧，以及大量的例文例句。但我的初衷，并不只是向大家传授一些写作方法。因为我知道，再有用的方法，如果小读者没兴趣看，那也是废纸一摞。

所以，在创作之初，我给自己定下的另一个目标，就是通过一个妙趣横生的长篇童话，让小读者爱上写作文。

换句话说，我不只想授人以鱼，更想授人以渔。

在我心目中，书里的那些作文小精灵，就是兴趣的化身。它们有的骑鲸而来，有的从天而降，有的就守候在精灵岛上。我相信，只要有它们陪在你身边，写作就不再是枯燥的事。

因为，小精灵们不但会激发你的写作兴趣，还会教你有用的写作技巧，更能带给你无穷的写作灵感。除此以外，它们还将带你经历一场上天入地的快乐冒险。

冒险之旅，也将是收获之旅。

当然，伟大的冒险从来都不只是一个人的功劳。《作文精灵》能够出版，首先应该感谢豫才图书的戴勐老师、丽雅老师、小杉老师的辛苦付出，感谢插画家三羊老师的精彩绘图，还要感谢《爱上写作文》编辑部的几位老师提供的无私帮助。

尤其要感谢的，是月芽儿歌作文培训机构的各位老师。这本书在写作过程中，曾得到他们的帮助与鼓励。

最后，我想感谢每一位小读者。《作文精灵》就像一只精灵，它也在寻找自己的主人，而每一位读完的孩子，都会成为它的主人。

我希望，在未来的写作之路上，你们能肩并肩，一起快快乐乐地奔跑下去。每跑一步，都留下一篇精彩的作文。

图书在版编目（ＣＩＰ）数据

高手训练营：上、下 / 毛小懋著 ；三羊绘 . －－昆
明：云南科技出版社，2020.9（2021.6 重印）
（作文精灵）
ISBN 978-7-5587-3016-0

Ⅰ．①高… Ⅱ．①毛… ②三… Ⅲ．①作文课－小学
－教学参考资料 Ⅳ．①G624.243

中国版本图书馆CIP数据核字(2020)第178877号

作文精灵

ZUOWEN JINGLING

高手训练营：上、下

GAOSHOU XUNLIANYING：SHANG、XIA

毛小懋 著 三 羊 绘

出 品 人：杨旭恒
策 划：李 非 戴 勇 王丽雅 魏小杉
责任编辑：李凌雁 杨志能
助理编辑：杨梦月
美术编辑：辰 茜
责任校对：张舒园
责任印制：蒋丽芬

书 号：ISBN 978-7-5587-3016-0
印 刷：北京宝丰印刷有限公司
开 本：787mm×1092mm 1/16
印 张：12.5
字 数：200千
版 次：2020年9月第1版
印 次：2021年6月第2次印刷
定 价：55.00元（上、下册）

出版发行：云南出版集团公司 云南科技出版社
地 址：昆明市环城西路609号
电 话：0871-64190973